**WITHDRAWN
UTSA Libraries**

BURT FRANKLIN: RESEARCH & SOURCE WORKS SERIES 789
Philosophy Monograph Series 71

'IMPOT & LA MILICE

L'IMPOT & LA MILICE

DANS

J.-J. ROUSSEAU & MABLY

PAR

Henri METTRIER

BURT FRANKLIN
NEW YORK

Published by LENOX HILL Pub. & Dist. Co. (Burt Franklin)
235 East 44th St., New York, N.Y. 10017
Originally Published: 1901
Reprinted: 1971
Printed in the U.S.A.

S.B.N.: 8337-23774
Library of Congress Card Catalog No.: 79-168699
Burt Franklin: Research and Source Works Series 789
Philosophy Monograph Series 71

Reprinted from the original edition in the Princeton University Library.

INTRODUCTION

Les pages qui suivent ont pour objet l'étude de l'organisation financière et militaire dans Jean-Jacques Rousseau et dans Mably. Les historiens qui se sont occupés de ces écrivains ont presque uniquement porté leur attention sur leurs doctrines sociales et politiques, au préjudice de leurs théories économiques et financières (1). *Assurément, celles-ci n'offrent pas la même valeur que les autres ; elles n'ont pas exercé une influence aussi grande, eu un retentissement si prolongé. Dispersées en outre dans d'assez nombreux ouvrages, l'enchaînement rigoureux d'un système coordonné leur manque : le simple lecteur peut difficilement les enfermer dans une vue d'ensemble. Est-ce à dire qu'elles*

(1) *Inversement, la* Richesse des nations, *d'A. Smith, a rejeté dans l'ombre la* Théorie des sentiments moraux, *du même auteur, celui de ses ouvrages pour lequel il avait une préférence marquée. Les doctrines économiques des physiocrates sont les seules pierres restées debout de leur édifice sociologique. Montesquieu, plus favorisé, a été étudié aussi bien au point de vue politique qu'au point de vue économique.*

— 6 —

soient dénuées de tout intérêt? En aucune façon. Les idées financières de Rousseau et de Mably n'ont sans doute que de lointains rapports avec la science telle que nous la concevons aujourd'hui. Si l'art des finances a été pratiqué de tout temps, ce n'est que très tardivement, à l'époque de la Renaissance, qu'il commence à avoir de sérieuses répercussions dans la doctrine, et à l'époque de Rousseau et de Mably, la science financière en est encore à chercher sa vraie méthode (1). *La théorie de l'impôt, telle que la construisent les physiocrates, indique de leur part plus d'ingéniosité et de logique que de véritable esprit scientifique, et moins encore à Rousseau et à Mably qu'aux physiocrates on peut demander de se plier aux études minutieuses et aux multiples analyses numériques qu'exige par exemple la solution du problème de l'incidence et de la répercussion des taxes. Aussi bien Rousseau et Mably ne s'inquiètent pas de cela. L'expérience et l'induction leur sont inconnues. Leur théorie des charges publiques dérive comme un corollaire des principes généraux de leur système. Ils ne touchent même*

---

(1) V. *le bref aperçu historique sur la Science des finances, dans le petit traité de Luigi Cossa :* Premiers éléments de la Science des finances (*trad. Bonnet, 1899*). *Il faut reconnaître du reste que l'observation et la statistique tiennent une grande place dans les ouvrages financiers de Froumenteau, de Vauban et de Boisguilbert*

qu'accidentellement, — et superficiellement, — aux points techniques de leur sujet, Ce qu'ils font surtout à propos de finances, c'est de la morale, et c'est encore de la politique. Montesquieu avait consacré le livre XIII de l'Esprit des lois à rechercher l'influence des institutions politiques sur les institutions financières. Rousseau et Mably, renversant ces termes, s'attachent spécialement à mettre en lumière l'action des institutions financières sur la situation morale et politique de la société. A ce point de vue, leurs idées, sans avoir par elles-mêmes une haute valeur absolue, présentent cependant un grand intérêt historique et psychologique. Elles nous permettent d'enfermer dans une approximation plus étroite un tour d'esprit bien différent de celui des politiques modernes. Elles nous rendent plus conscient et plus palpable le but que Rousseau et Mably se sont proposés. On peut dire que la théorie des charges publiques est le lien qui unit leurs conceptions sociales à leurs doctrines politiques. Les systèmes politiques ne sont par eux-mêmes qu'un cadre vide; ce cadre peut être rempli de bien des manières. Nous chercherons à faire voir dans notre étude comment Rousseau et Mably voulaient que les cadres qu'ils construisent fussent remplis.

Et enfin ce n'est pas arbitrairement que nous rapprochons l'un de l'autre Rousseau et Mably.

Les deux hommes que leurs contemporains associaient dans un même tribut d'admiration ont sans doute dans leurs idées de grands points de désaccord (1), *mais à côté de ceux-là, combien d'autres où ils se rencontrent, où leurs idées, leurs expressions même se confondent. Aussi bien, Rousseau ne s'y est pas mépris, et quand il accusait Mably de l'avoir compilé « sans honte et sans retenue »* (2), *il lui faisait sans doute une injure méchante et gratuite, — le caractère très droit et très digne de Mably étant absolument incapable d'une telle fausseté, — mais surtout il avouait reconnaître l'affinité profonde qui les unissait l'un et l'autre, comme deux disciples des mêmes maîtres travaillant dans*

(1) M. Janet, *dans son* Histoire de la Science politique, 3ᵉ *édit., t. II, p. 651, déclare que l'on ne trouve dans Mably « aucune des théories de Rousseau, ni la théorie du contrat social, ni celle de la volonté générale, ni la distinction du gouvernement et du souverain, ni ses objections contre le système représentatif, etc. » C'est peut-être un peu exagéré, comme on pourra le constater plus loin.*

(2) *Les relations de Rousseau et de Mably datent de 1740 1741. Rousseau remplissait alors les fonctions de précepteur chez le frère de l'abbé, M. de Mably, grand prévôt de Lyon. C'est pour les enfants de ce dernier qu'il écrivit le* Projet d'éducation de M. de Sainte-Marie. — *Dans une lettre au prince de Wirtemberg, datée du 26 mai 1764, Rousseau juge l'abbé de Mably beaucoup plus favorablement que dans les* Confessions (Liv. XII) : *c'est, dit-il, « un honnête homme rempli de vues très saines ».*

le même esprit. Il n'est pas impossible du reste que l'influence de Rousseau ait agi sur Mably pour confirmer dans son esprit la vérité de ses propres théories. Mais ce qui paraît hors de doute, c'est que les idées de Mably avaient germé avant l'apparition des premiers écrits de Rousseau (1). *Mably doit donc être regardé comme original. Il n'en est que plus intéressant de voir combien son inspiration est voisine de celle de Rousseau. L'étude que nous allons entreprendre contribuera pour sa part à le montrer.*

(1) *Le premier ouvrage de Mably,* le Parallèle des Romains et des Français, *paraît en 1740. Viennent ensuite le* Droit public de l'Europe (1748), *les* Observations sur les Grecs (1749), *les* Observations sur les Romains (1751), *les* Principes des négociations (1757), *et les* Entretiens de Phocion (1763). *D'autre part, le* Discours sur les sciences et les arts, *de Rousseau, est de 1749, et l'*Origine de l'inégalité, *de 1754. M. Janet* (op. cit., p. 652), *tout en attribuant à la lecture de Platon le changement survenu dans les idées de Mably entre le* Parallèle *et les* Entretiens de Phocion, *se demande si Rousseau ne doit point en être rendu responsable. Mais déjà dans le* Droit public, *paru un an avant le premier discours de Rousseau, les principes de Mably ont évolué : il se réclame des anciens, condamne le commerce, le luxe, tout ce qu'il louait dans le* Parallèle. *Sans doute, ses idées sont plus modérées dans leur forme, moins hardies dans leurs conclu⁻ sions, qu'elles ne seront plus tard dans les* Entretiens. *Mais le temps, la lecture et la réflexion vont se charger de les affermir et de les mûrir.*

CHAPITRE PREMIER

L'IMPÔT DANS JEAN-JACQUES ROUSSEAU

Toute étude des idées de Jean-Jacques Rousseau doit prendre pour point de départ la personne de leur auteur. C'est un fait que La Harpe avait déjà reconnu. Amiel a insisté sur cette pensée que le système de Rousseau n'est qu'une généralisation de son moi (1). Nature extrêmement originale, — au point que ses contemporains l'ont regardé comme un monstre d'étrangeté, et que lui-même s'est jugé unique et indéchiffrable (2), —

---

(1) V. aussi Lanson, *Histoire de la littérature française*, 5ᵉ édit., p. 775. — Brunetière, *l'Evolution de la poésie lyrique*, leçon II, 2, 3.

(2) *Confessions*, livre I. « Je sens mon cœur et je connais les hommes. Je ne suis fait comme aucun de ceux que j'ai vus; j'ose croire n'être fait comme aucun de ceux qui existent. » — *Rousseau juge de Jean-Jacques*. « Il fallait qu'un homme se fût peint lui-même, pour nous montrer ainsi l'homme primitif, et, si l'auteur n'eût été tout aussi singulier que ses livres, jamais il ne les eût écrits..... Si vous ne

Rousseau a passé sa vie d'auteur à projeter sa personnalité sur le monde, ou, ce qui revient au même, à ramener le monde à soi. Toutes ses théories sont marquées au coin de sa sensibilité; ses besoins, ses désirs, ses aspirations justifient l'idéal qu'il nous propose, et l'univers qu'il recrée dans ses rêves est celui qui satisfait le mieux aux exigences de son être intime.

Pourquoi par exemple croit-il, d'une foi indéracinable, que la vie naturelle et simple peut seule donner le bonheur à l'humanité? C'est que luimême a pris le goût de cette vie dans ses séjours à la campagne, dans ses lectures de l'*Astrée*, dans les vagabondages d'une aventureuse jeunesse (1).

m'eussiez dépeint votre Jean-Jacques, j'aurais cru que l'homme naturel n'existait plus. » — *Le Persifleur*. (1746) « Rien n'est si dissemblable à moi que moi-même; c'est pourquoi il serait inutile de tenter de me définir autrement que par cette variété singulière .... Un Protée, un caméléon, une femme sont des êtres moins changeants que moi.... C'est cette irrégularité même qui fait le fonds de ma constitution. »

(1) Ce qui n'empêche pas Rousseau d'avoir emprunté sa conception de l'état de nature aux jurisconsultes protestants du XVIIe siècle. Grotius qu'il regarde comme le maître de la science politique, était un des auteurs favoris du citoyen Isaac Rousseau. Puffendorf fait partie de la bibliothèque de Mme de Warens. Locke et Hobbes ont eu sur les idées de Jean-Jacques une grande influence, attestée par maint passage du *Contrat social*, où il s'y réfère pour les critiquer et les railler. Quant à la forme particulière que l'état de

Seule la nature le satisfait pleinement; tout enfant, il a reçu d'elle des impressions profondes et joyeuses; il lui doit ces jouissances inoubliables, ces émotions infiniment délicates, tendres, imprécises qui répondent aux secrets désirs de son cœur. Jusqu'à la fin, il aime à suivre au fond des bois le fil enchanté de ses longues rêveries (1). C'est à Bossey, aux Charmettes, à l'Ermitage, à l'île Saint-Pierre qu'il connaît le « trop court

nature a prise dans l imagination de Rousseau, on pourrait dire qu'elle lui a été inspirée par les traditions antiques sur l'âge d'or (la Bible; Hésiode; Platon, *Lois*, livre III, 678, E, 679; 90me lettre à Lucilius), par l'utopie du bon sauvage qui a cours depuis la fin du XVIIe siècle (V. dans Lichtenberger, *Socialisme utopique*, ch. I, l'histoire de Mrs Afra Behu et de son roman Oroonoko), dans les salons, dans les livres (Montesquieu, I, 2, et pour l'histoire des Sévarambes, IV, 6), et qui paraît jusque sur la scène (*l'Arlequin sauvage*, de Delisle), à moins que l'on ne préfère mettre en cause l'influence de Diderot qui, avant Rousseau, a déclaré la guerre à la société, à ses préjugés, à ses conventious, à ses gênes, et a prêché le retour au libre et franc instinct naturel. Tout cela est possible, tout cela est vrai, et pourtant n'enlève rien à l'originalité de Rousseau. Les milieux si variés qu'il a traversés, les lectures immenses qu'il a faites, n'ont agi que pour développer les virtualités de sa nature singulièrement riche, complexe, ardente et puissante, pour lui en faire prendre une conscience plus exacte et plus complète. Ce qu'il a apporté de nouveau, ce ne sont pas ses idées, c'est son caractère. « Il n'a rien découvert, dit Mme de Staël, mais tout enflammé. »

(1) *Rêveries du promeneur solitaire.*

bonheur de sa vie. » Et l'objet de ses vœux demeure toujours une existence égale, modeste, au milieu du travail champêtre, dans la solitude et dans la paix (1). « Sur le penchant de quelque agréable colline bien ombragée, j'aurais une petite maison rustique, une maison blanche avec des contre-vents verts.... » Voilà le souhait qu'il formule dans le livre IV de l'*Emile*, mais qui était déjà implicitement contenu dans l'*Epître à M. Parisot* (2) (1742) et dans l'*Allée de Sylvie* (3)

(1) *Correspondance*. Lettre DCCCXII, 9 février 1768, à M. d'Ivernois. « O la paix, la paix, mon bon ami. Hélas ! il n'y a que cela de bon dans cette courte vie. »

(2) L'ardente ambition a l'éclat en partage,
Mais les plaisirs du cœur sont le bonheur du sage ;
Que ces plaisirs sont doux à qui sait les goûter !
Heureux qui les connaît et sait s'en contenter !
Jouir de leurs douceurs dans un état paisible
C'est le plus cher désir auquel je suis sensible !

(3) Qu'à m'égarer dans ces bocages,
Mon cœur goûte de voluptés !
Que je me plais sous ces ombrages !
Que j'aime ces flots argentés !
Douce et charmante rêverie,
Solitude aimable et chérie,
Puissiez-vous toujours me charmer !....

Lire toute la pièce, la condamnation des passions, le portrait du vrai sage, l'éloge de la vie contemplative. Rousseau écrivit ces vers à trente-cinq ans, chez Mme Dupin, dans une allée de Chenonceaux, située le long du Cher et qui a été détruite vers 1814.

— 14 —

(1747), à une époque où il n'avait aucun intérêt à se composer un personnage. Tout le long de la correspondance (1), on voit du reste reparaître cette idée qu'un travail modéré, une vie simple et tranquille, « la paix de l'âme et la santé du corps » renferment la plus grande somme de bonheur que l'homme peut sagement désirer. Une condition médiocre est préférable à toute autre, pourvu que l'on sache s'en contenter. La nature, comme une mère prévoyante et bonne, en nous donnant les tendances nécessaire à notre conservation, nous a donné en même temps les facultés suffisantes pour les satisfaire. De l'équilibre du pouvoir et du vouloir résulte un état paisible, stable, harmonieux, qui se manifeste dans la conscience par des sentiments de joie. L'homme le connaît d'autant plus qu'il est plus voisin de sa condition naturelle, que plus petite est la différence de ses facultés à ses désirs. « Il n'est jamais moins misérable que

(1) V. par exemple lettres CXII, 18 août 1756, à M. de Voltaire ; CLXXI, 1758, à M. Romilly ; CCLXXXIII, 23 décembre 1761, à M. Roustan ; CMIV, 17 janvier 1770, à Mme B. — Egalement dans la *Nouvelle Héloïse* (IVe p^{ie}, lettres x, xi ; V^e p^{ie}, ii, iii, v), le tableau de la vie patriarcale de la famille Wolmar ; dans les *Confessions*, liv. IV : « Quand l'ardent désir de *cette vie heureuse et douce qui me fuit et pour laquelle j'étais né*, vient enflammer mon imagination, c'est toujours au pays de Vaud, près du lac, dans des campagnes charmantes qu'elle se fixe. »

quand il paraît dépourvu de tout; car la misère ne consiste pas dans la privation des choses, mais dans le besoin qui s'en fait sentir (1). »

Cette doctrine de la modération a pour contrepartie la condamnation du luxe et des richesses. Les ressentiments personnels de Rousseau l'ont ici beaucoup servi. Il est certain qu'il aurait moins fulminé contre la société de son temps s'il avait pu s'y adapter. Mais rien ne répugnait plus à son naturel libre et fier, fruste et timide que la vie mondaine : il s'y est toujours senti humilié et dépaysé. Froissé dans sa sensibilité et dans son orgueil, le génevois calviniste qu'avaient façonné en lui l'éducation et l'hérédité, reparut; le souvenir des lectures d'enfance jeta de nouveau sa flamme vive qui un instant avait paru s'obscurcir; le désaccord qui le séparait de ses contemporains le rejeta vers ce monde antique dont la grandeur, entrevue dès le premier âge, s'était gravée en traits ineffaçables dans son esprit. Dès ce moment, Plutarque, et avec lui Tacite et Sénèque (1) furent

---

(1) *Emile*, p. 59, 169, 229, 395 — *Discours sur l'origine de l'inégalité des conditions*, 1re partie. — Nous citons Rousseau d'après l'édition Garnier, in-18: cependant pour les *Lettres écrites de la Montagne*, l'article sur l'*Economie politique* et la *Correspondance*. nous avons recouru à l'édition des œuvres complètes de 1824.

(1) C'est seulement en 1754 que Rousseau traduit le 1er livre

ses maîtres. L'ombre de Fabricius plana sur sa vie. Tout le fonds de la morale antique s'était incorporé à son âme, lorsqu'il lança, en 1749, comme un coup de foudre, le *Discours sur les sciences et les arts.*

Dans cet écrit se trouve exprimée fortement l'idée que l'ignorance et la simplicité sont les meilleures sauvegardes de la vertu. « O vertu, science sublime des âmes simples, faut-il donc tant de peines et d'appareil pour te connaître ? Tes principes ne sont-ils pas gravés dans tous les cœurs ? Et ne suffit-il pas pour apprendre tes lois de rentrer en soi-même et d'écouter la voix de sa conscience dans le silence des passions ? » A quoi servent dès lors les spéculations scientifiques ? Toute curiosité supérieure est superflue (1). Les

---

des *Histoires* de Tacite, pour se faire le style (*Confessions*, liv VIII). Mais de 1738 à 1741, aux Charmettes, et de 1741 à 1749, à Paris, il avait consacré une partie importante de son temps à l'étude des auteurs latins. C'est à Diderot probablement qu'il doit son commerce familier avec Sénèque.

(1) Cependant Rousseau reconnaît que la science est une grande chose, mais il voudrait qu'on réservât la culture scientifique et artistique à une élite remarquable par ses talents et ses vertus Les hommes de la Révolution oublieront ce second point et prononceront contre la science un ostracisme absolu. « Il ne faut pas, dira Chabot, relever l'aristocratie des savants et des philosophes, puisque nous voulons fonder la démocratie des sans-culottes. » Et l'on connaît la réponse, d'ailleurs peu authentique (V. *Revue*

arts qui multiplint lees commodités de la vie asservissent les cœurs, affaiblissent les corps, énervent le vrai courage. Il y a entre le luxe et les mœurs une incompatibilité absolue : or ce sont les bonnes mœurs qui font la durée des Etats. « De quoi s'agit-il donc précisément dans cette question du luxe ? De savoir lequel importe le plus aux empires d'être brillants et momentanés, ou vertueux et durables. Je dis brillants, mais de quel éclat ? Le goût du faste ne s'associe guère dans les mêmes âmes avec celui de l'honnête. Non, il n'est pas possible que des esprits dégradés par une multitude de soins futiles s'élèvent jamais à rien de grand ; et, quand ils en auraient la force, le courage leur manquerait... Les anciens politiques parlaient sans cesse de mœurs et de vertu : les nôtres ne parlent que de commerce et d'argent... On a tout avec de l'argent, hormis des mœurs et des citoyens. »

La question ainsi portée sur le terrain politique, Rousseau la reprend et la développe dans le *Discours sur l'origine de l'inégalité*. Les richesses ne contribuent pas seulement à précipiter les

bleue, 5 mai 1900), faite par Dumas à Lavoisier. Il est utile d'observer que dès son premier discours, Rousseau se place tout de suite au point de vue antique, qui est celui du groupe social et du salut collectif, et qu'il met au premier rang les qualités du caractère, le courage, la vigueur physique, la vertu.

peuples vers la ruine, elles vicient dans ses fondements la société même du genre humain. Qu'est-ce qui donne naissance à l'inégalité? la propriété. Qu'est-ce qui l'accroît et la fortifie? l'argent. Qu'est-ce qui suscite l'esprit de domination? la puissance matérielle. Les lois rédigées le sont pour l'avantage des possédants ; les gouvernements établis ne se servent de leur force qu'en faveur d'intérêts particuliers (1). La source du mal social réside tout entière dans l'opposition créée entre l'intérêt de quelques-uns et celui de tous par la propriété et la richesse. Quiconque s'approprie au delà du nécessaire le fait aux dépens de ses semblables (2). Or le strict nécessaire est le même pour tous ; « l'homme est le même dans tous les états, le riche n'a pas l'estomac plus

---

(1) *Lettre à d'Alembert*, p. 221 « Dans une république, l'opulence d'un particulier peut aisément le mettre au-dessus des lois. Alors le gouvernement n'a plus de force, et le riche est toujours le vrai souverain. » Rousseau ne manque aucune occasion d'insister sur cette toute-puissance de la richesse, attestée du reste par l'étymologie du mot (*Reich*, empire).

(2) *Origine de l'inégalité*, p. 78 « Ignorez-vous qu'une multitude de vos frères périt ou souffre du besoin de ce que vous avez de trop, et qu'il vous fallait un consentement exprès et unanime du genre humain pour vous approprier sur la subsistance commune tout ce qui allait au-delà de la vôtre? »

grand que le pauvre. » Les besoins naturels étant identiques partout, les moyens d'y pourvoir doivent-être partout égaux (1).

Ces principes peuvent conduire au communisme. De fait un disciple de Rousseau, Babeuf, y aboutira plus tard (2). Rousseau lui-même s'arrête en chemin. La propriété existe ; sa suppression entraînerait des bouleversements funestes, étant donnés l'état des mœurs et l'ancienneté de l'institution. Conservons-la, mais en remédiant aux abus qui en résultent. L'important est que les pauvres ne soient pas sacrifiés aux riches. Pour cela, il faut fonder l'édifice social sur sa seule base légitime, c'est-à-dire sur l'intérêt général. L'idéal consiste à établir comme norme de la volonté des contractants, une règle supérieure de justice et de raison. Mais précisément, c'est là un problème que Rousseau assimile à celui de la quadrature du cercle. Mettre la loi au-dessus de l'homme lui paraît le chef-d'œuvre de l'art politique (3). On n'a rien fait en donnant à tous, pauvres et riches, puissants et faibles, un droit de suffrage iden-

(1) *Emile*, Livr. III.

(2) V. dans Espinas, *La philosophie sociale du XVIIIe siècle et la Révolution française*, le chapitre consacré à Babeuf et au babouvisme.

(3) *Correspondance*, lettre DCCLXXXI, 26 juillet 1767, à M. le marquis de Mirabeau. — *Considérations sur le gouvernement de Pologne*, p. 346.

tique. Cette égalité toute théorique ne va pas à l'encontre de l'inégalité sociale. Le droit ne vaut rien contre le fait. On ne peut établir l'égalité dans le règne du droit qu'après l'avoir établie préalablement dans le fait social. On ne peut faire cesser l'antinomie d'intérêts qui sépare les pauvres et les riches qu'en remontant vers l'état primitif des sociétés où il n'y avait ni pauvres ni riches. C'est seulement en rapprochant l'une de l'autre les classes extrêmes de l'Etat qu'on arrivera à dégager la volonté vraie du corps politique, c'est-à-dire une règle de conduite véritablement impartiale, inspirée par l'amour du bien général et de la cité. Mais qu'au contraire il se trouve des citoyens sssez riches pour en acheter d'autres, qu'il s'en trouve d'assez pauvres pour être contraints de se vendre, et voilà l'équilibre renversé. « Voulez-vous donner à l'Etat de la consistance, rapprochez les degrés extrêmes autant qu'il est possible; ne souffrez ni des gens opulents, ni des gueux. Ces deux états, naturellement inséparables sont également funestes au bien commun ; de l'un sortent les fauteurs de la tyrannie, et de l'autre les tyrans : c'est toujours entre eux que se fait le trafic de la liberté publique : l'un l'achète, et l'autre le vend (1). »

(1) *Contrat social*, Livr, II, ch. xii. not 1. — Voici en quels termes Rousseau loue la bourgeoisie de Genève dans

Ce danger n'existe plus avec une classe moyenne puissante et nombreuse. Intéressée au bon ordre et à la conservation de la République, elle sait se plier aux exigences de la raison; elle n'a rien à gagner à la tyrannie, ni aux troubles; elle offre des garanties qui font d'elle le plus ferme appui

les *Lettres écrites de la Montagne*. Partie II, lettre 9. « Cet ordre composé d'hommes à peu près égaux en fortune, en état, en lumières, n'est ni assez élevé pour avoir des prétentions, ni assez bas pour n'avoir rien à perdre. Leur grand intérêt, leur intérêt commun est que les lois soient observées, les magistrats respectés, que la constitution se soutienne et que l'Etat soit tranquille. Personne dans cet ordre ne jouit à nul égard d'une telle supériorité sur les autres qu'il puisse les mettre en jeu pour son intérêt particulier C'est la plus saine partie de la République, la seule qu'on soit assuré ne pouvoir, dans sa conduite, se proposer d'autre objet que le bien de tous... Voyez, au contraire, de quoi l'autre partie s'étaie ; de gens qui nagent dans l'opulence, et du peuple le plus abject. Est-ce dans ces deux extrèmes, l'un fait pour acheter, l'autre pour se vendre, qu'on doit chercher l'amour de la justice et des lois ? C'est par eux toujours que l'état dégénère : le riche tient la loi dans sa bourse, et le pauvre aime mieux du pain que la liberté. » — *Correspondance*, Lettre CLXXI, 27 novembre 1758, à M. le docteur Tronchin. « Partout le riche est le premier corrompu, le pauvre suit, l'état médiocre est atteint le dernier. » — Platon (*Lois*, V. 729) et Aristote (*Politique*, trad. Barthélemy. Saint-Hilaire, liv. VI, chap. xi) avaient déjà mis en lumière l'excellence politique de la classe moyenne. L'exercice du pouvoir par cette classe (identifiée du reste dans le cas présent avec la haute bourgeoisie) sera plus tard le système politique de Guizot.

de l'Etat. Ce n'est qu'au sein de cette classe que se réalise la parfaite concorde des citoyens. Le riche est nécessairement un égoïste (1). Il ne vit pas de la vie commune de ses frères. Même quand il ne s'emploie pas à les asservir, même quand ses intérêts personnels ne vont pas à l'encontre de ceux de la cité, la supériorité de sa fortune lui permet une existence indépendante ; il s'abstrait en quelque sorte de l'ensemble des citoyens. Mais la prospérité d'un membre de la classe moyenne est liée à la prospérité du corps de l'Etat. C'est pourquoi l'amour du bien public, ou la vertu, est plus développé dans cette classe que dans toute autre. Rapprochons les rangs et les fortunes : nous obtenons ce résultat que la volonté générale devient effectivement droite, parce qu'il n'y a plus d'intérêt égoïste pour la dévier, et d'autre part l'observation de la loi se trouve plus certainement assurée, par le fait que personne n'a ni le moyen, ni même le désir de la violer ou de l'éluder.

Comme conséquence, Rousseau imagine un Etat de peu d'étendue (2) où le peuple soit facile à

(1) L'égoïsme du riche, l'idée que le riche en tant que tel est nécessairement corrompu, que sa vie est mauvaise et immorale, voilà la cause des anathèmes prononcés contre la richesse par les *vertueux* démocrates de la Convention.

(2) Rousseau revient à chaque instant dans ses ouvrages sur cette question de l'étendue des Etats, qu'il regarde

rassembler, où le contrôle de tous par chacun et de chacun par tous soit possible, ou nul intérêt régional ou corporatif ne sépare les citoyens unis par une communauté d'origine, de climat, d'occupations et d'habitudes. Dans cet Etat, doit régner une grande simplicité de mœurs, qui préviendra la multitude d'affaires et de procès. Le luxe en sera banni, « car ou le luxe est l'effet des richesses, ou il les rend nécessaires ; il corrompt à la fois le riche et le pauvre, l'un par la possession, l'autre par la convoitise ; il vend la patrie à la mollesse, à la vanité ; il ôte à l'Etat tous ses citoyens pour les

---

comme un problème capital de la politique. Il a traité le sujet directement ou accidentellement dans le *Contrat social*, liv. II, ch. IX; liv. III, ch. I, II, III, VIII, et dans le *Gouvernement de Pologne*, ch. V et VIII. Le régime qu'il préconise est le régime municipal, le seul que connut l'antiquité gréco-romaine, jusqu'à ce que Rome eut conquis l'empire. C'est le seul qui, d'après Rousseau, s'accorde avec l'existence du gouvernement direct; il rend l'élaboration des lois plus facile, l'administration plus rapide et plus rigoureuse, quoique moins lourde aux facultés des citoyens. Il permet d'éviter la monarchie, indispensable aux pays de quelque étendue. Surtout, il assure une bonne administration morale de l'Etat, chose essentielle aux yeux d'un homme imprégné des idées anciennes. Et enfin, il renforce le patriotisme des citoyens, puisque l'on aime généralement mieux une petite patrie qu'une grande. Le patriotisme à la Rousseau, c'est le patriotisme étroit, exclusif et jaloux, le patriotisme de clocher.

asservir les uns aux autres, et tous à l'opinion » (1). Point de « besoins factives », ni « d'hommes artificiels .» Le seul Etat susceptible d'un bon gouvernement est celui que Platon nous peint au deuxième livre de sa *République*, l'Etat *sain*, par opposition à l'Etat malade, gonflé d'humeurs, de superfluités et de besoins. « Voulez-vous, dit Rousseau aux confédérés de Pologne, devenir bruyants, brillants, et redoutables, et influer sur les autres peuples de l'Europe, vous avez leur exemple, appliquez-vous à l'imiter. Cultivez les sciences, les arts, le commerce, l'industrie, ayez des troupes réglées, des places fortes, des académies, surtout un bon système de finances qui fasse bien circuler l'argent, qui par là le multiplie, qui vous en procure beaucoup; travaillez à le rendre très nécessaire, afin de tenir le peuple dans une grande dépendance, et pour cela, fomentez le luxe matériel et le luxe de l'esprit, qui en est inséparable. De cette manière, vous formerez un peuple intrigant, ardent, avide, ambitieux, servile et fripon comme les autres, toujours sans aucun milieu à l'un des deux extrêmes de la misère ou de l'opulence, de la licence ou de l'esclavage : mais on vous comptera parmi les grandes puissances de l'Europe... Mais si par hasard vous

---

(1) *Contrat Social,* liv. II, ch. XII.

aimiez mieux former une nation libre, paisible et sage, qui n'a ni peur, ni besoin de personne, qui se suffit à elle-même et qui est heureuse; alors il faut prendre une méthode toute différente, maintenir, rétablir chez vous des mœurs simples, des goûts sains, un esprit martial sans ambition; former des âmes courageuses et désintéressées, appliquer vos peuples à l'agriculture et aux arts nécessaires à la vie; rendre l'argent méprisable, et s'il se peut, inutile, chercher, trouver, pour opérer de grandes choses, des ressorts plus puissants et plus sûrs » (1).

Voilà quels sont les deux systèmes économiques en présence. Le premier fait consister la richesse d'un Etat dans l'abondance de numéraire. C'est celui qui a dominé la politique de l'Europe depuis l'époque de la Renaissance, et auquel A. Smith donnera en 1776 le nom de mercantilisme (2). L'ar-

(1) *Considérations sur le gouvernement de Pologne*, ch. XI, p, 388. — C'est en 1769 que le comte Wielhorski, au nom des confédérés de Bar, demanda à Rousseau et à Mably un plan de constitution pour la Pologne. Mably fit avec lui un voyage en Volhynie qui dura près d'un an. Son projet, écrit en 1770-71, ne fut imprimé qu'à un très petit nombre d'exemplaires. Celui de Rousseau fut composé après son retour à Paris, entre 1770 et 1772.

(2) La critique du système mercantile par **A** Smith est renfermée dans les chapitres I-VIII du livre IV de la *Richesse des nations*.

gent a son utilité, et Rousseau ne la méconnaît pas. Il insiste au contraire sur son rôle comme mesure des valeurs. « L'inégalité conventionnelle entre les choses a fait inventer la monnaie ; car la monnaie n'est qu'un terme de comparaison pour la valeur des choses de différentes espèces ; et en ce sens la monnaie est le vrai lien de la Société : mais tout peut être monnaie, autrefois le bétail l'était, des coquillages le sont encore chez plusieurs peuples... Les métaux, comme plus faibles à transporter, ont été généralement choisis pour terme moyen de tous les échanges ; et l'on a converti ces métaux en monnaie, pour épargner la mesure ou le poids à chaque échange... C'est par la monnaie que les biens d'espèces diverses deviennent commensurables et peuvent se comparer (1) ». Mais il ne faut pas sacrifier toujours à l'argent, et négliger les choses elles-mêmes pour les signes qui les représentent. La monnaie n'a qu'une valeur

---

(1) *Emile*, liv. III, p. 201-2. — En somme, Rousseau est beaucoup plus modéré qu'Helvétius qui, dans son livre de *l'Homme* (section VI, ch. xi) paru en 1772, rêve sérieusement d'un Etat où l'argent n'aurait pas cours. La défiance à l'égard des métaux précieux est aussi très marquée chez Platon. (*Lois*, liv. III, 679, B) et en général chez tous ceux qui voudraient voir la Société revenir aux pratiques simples et suivant eux plus morales de l'économie naturelle. V. aussi sur la proscription de l'argent dans les républiques, *Esprit des lois*, liv. IV, ch. vi, viii.

de convention : les choses ont une valeur d'usage indépendante de leur valeur d'échange. « Au fond, l'argent n'est pas la richesse, il n'en est que le signe ; ce n'est pas le signe qu'il faut multiplier, mais la chose représentée... La richesse pécuniaire n'est que relative, et selon des rapports qui peuvent changer par mille causes, on peut se trouver successivement riche et pauvre avec la même somme, mais non pas avec des biens en nature ; car, comme immédiatement utiles à l'homme, ils ont toujours leur valeur absolue qui ne dépend point d'une opération de commerce (1) ». Mieux vaut s'attacher aux biens véritables, favoriser l'agriculture et les arts utiles, établir des manufactures de première nécessité, multiplier sans cesse le blé et les hommes sans se mettre en souci du reste. C'est à l'abondance de population qu'on reconnaît la prospérité d'un Etat. « Toute chose d'ailleurs égale, le gouvernement sous lequel sans moyens étrangers, sans naturalisation, sans colonies, les citoyens peuplent et multi lient davantage, est infailliblement le meilleur. Celui sous lequel un peuple diminue et dépérit est le pire (2)... Plus donc vous perfectionnerez votre gouvernement, plus vous multiplierez votre peuple sans

---

(1) *Gouvernement de Pologne*, ch. XI, p. 393.

(2) *Contrat social*, liv. III, ch. IX.

même y songer. Vous n'aurez ainsi ni mendiants, ni millionnaires. Le luxe et l'indigence disparaîtront ensemble insensiblement ; et les citoyens, guéris des goûts frivoles que donne l'opulence, et des vices attachés à la misère, mettront leurs soins et leur gloire à bien servir la patrie, et trouveront leur bonheur dans leurs devoirs (1) ».

Mais, peut-on dire, si la quantité de numéraire est indifférente dans les rapports des particuliers d'un même Etat, cet Etat, dans ses relations avec les autres peuples, n'a-t-il pas avantage à être richement pourvu d'argent? Il suffit, répond Rousseau, de pouvoir se procurer par l'exportation des produits surabondants les objets indispensables qui font défaut (2). L'abondaece d'espèces monnayées dans les caisses privées ne grossit pas le trésor du prince. Ce n'est que le superflu des particuliers qui produit le nécessaire du public (3). Or, ce superflu n'accroissant pas du fait de la plus grande quantité de numéraire, puisque l'argent se trouve déprécié d'autant, le prélèvement de l'Etat sur les fortunes privées ne peut pas être augmenté. Du reste, on a tort de prétendre que l'Etat a grand besoin d'argent. L'argent n'est en aucune façon le

---

(1) *Gouvernement de Pologne*, ch. XI, p. 393.

(2) *Ibidem*, p. 390.

(3) *Contrat social,* liv. III, ch. VIII.

ressort du gouvernement. « Les systèmes de finance sont modernes. Je n'en vois rien sortir de bon ni de grand. Les gouvernements anciens ne connaissaient pas même ce mot de *finance*, et ce qu'ils faisaient avec des hommes est prodigieux. L'argent est tout au plus le supplément des hommes, et le supplément ne vaudra jamais la chose (1) ». Attachons-nous avant tout au mérite des hommes. Fondons l'Etat sur la valeur personnelle des citoyens ; c'est dans leurs bras, dans leurs têtes et dans leurs cœurs que gît la prospérité du peuple et la force de la cité. En réalité, les pays les plus pauvres sont ceux qui sont riches d'argent (2). Ils manquent de ces biens si précieux que l'on nomme courage, dévouement, fidélité, vertu. Quand l'argent devient le maître des consciences, les mobiles des grandes actions, l'amour de la liberté et de la patrie disparaissent. L'intérêt pécuniaire subsiste seul, et il n'y en a pas de plus vil, de plus grossier, ni de plus propre à la corruption. « Les systèmes de finance font des âmes vénales ; et dès qu'on ne veut que gagner, on gagne toujours plus à être fripon qu'honnête homme... L'argent est à la fois le ressort le plus faible et le plus vain pour faire marcher à son but la machine politique, le plus

---

(1) *Gouvernement de Pologne*, p. 390.

(2) *Emile*, liv. III, p, 202.

fort et le plus sûr pour l'en détourner (1)... Son influence augmente à mesure que celle des autres ressorts diminue, et l'on peut dire qu'un gouvernement est parvenu à son dernier degré de corruption quand il n'a plus d'autre ressort que l'argent (2) ».

Ces idées, que l'on retrouve également dans les économistes du temps (3), s'expliquent par les désordres financiers et les abus de l'Ancien régime. On voit Rousseau littéralement hanté par la crainte des fraudes et des malversations possibles. Pour lui, l'argent est le grand corrupteur du cœur humain; il fausse presque infailliblement les rouages de l'Etat; il fait de ceux qui le manient « des pillards et des traîtres, » des pillards dans l'administration intérieure, des traîtres dans les rapports extérieurs de l'Etat. Destiné en apparence à un usage, on l'emploie effectivement à un autre. Il échappe par sa ciculation cachée à tout contrôle efficace. Pour éviter ces dangers, Rousseau souhaiterait qu'il n'y ait point de trésor public, et tout en reconnaissant que la chose n'est

(1) *Gouvernement de Pologne*, p. 390

(2) *Article par l'Economie politique,* édit. 1824, p. 46.

(3) V. par exemple, Le Trosne, *De l'Ordre social*, discours IV, et les imprécations du marquis de Mirabeau contre le « régime impur de fiscalité » et le « mot odieux : *Finances* » dans la *Théorie de l'Impôt* (1760).

pas possible, il déclare que l'esprit du gouvernement doit toujours tendre à la rendre telle (1). Ne vous attachez pas, dit-il aux administrateurs de l'Etat, à augmenter les revenus de la République, occupez-vous surtout à prévenir ses besoins. « De quelque diligence qu'on puisse user, le secours qui ne vient qu'après le mal, et plus lentement, laisse toujours l'Etat en souffrance ; » tandis qu'on songe à remédier à un mal, un autre se fait déjà sentir, et les ressources même produisent de nouveaux inconvénients; de sorte qu'à la fin la nation s'obère, le peuple est foulé, le gouvernement perd toute sa vigueur, et ne fait plus que peu de chose avec beaucoup d'argent. Je crois que de cette grande maxime bien établie découlaient les prodiges des gouvernements anciens. qui faisaient plus avec leur parcimonie que les nôtres avec tous leurs trésors; et c'est peut-être de là qu'est dérivée l'acceptation vulgaire du mot d'*économie* qui s'entend plutôt du sage ménagement de ce qu'on a que du moyen d'acquérir ce que l'on n'a pas (2).

C'est donc à prévenir, à réduire au strict nécessaire les besoins de l'Etat que doit tendre l'effort principal des administrateurs de la chose publique.

(1) *Gouvernement de Pologne,* p. 334. — *Economie politique*, p. 43. — *Contrat social*, Livre III, chap. XV.
(2) *Economie politique*, p. 46.

La politique est d'accord avec la morale. « Partout où le peuple aime son pays, respecte les lois, et vit simplement, il reste peu de chose à faire pour le rendre heureux (1). » Une législation embrouillée ne sert de rien avec des cœurs droits (2) ; une administration surchargée est inutile en présence d'hommes satisfaits de ce qu'ils possèdent et qui voient non un progrès, mais une déchéance et un danger dans le développement indéfini des commodités de l'existence. On satisfait aisément aux besoins physiques essentiels; un « bien-être » strictement limité à une alimentation saine, un vêtement grossier, un logement salubre n'exige pas du fait de l'Etat beaucoup de préoccupations ni de dépenses. Il suffit de maintenir l'abondance tellement à la portée des particuliers que, pour l'acquérir, « le travail soit toujours nécessaire et ne soit jamais inutile. » Pour cela, point n'est besoin de réserves financières. Il suffit de diriger le commerce de l'Etat de façon qu'il pourvoie à tout. « La distribution des denrées, de l'argent et des marchandises, par de justes proportions selon les temps et les lieux, est le vrai secret des finances, pourvu que ceux qui les administrent sachent porter leurs vues assez loin et faire dans

---

(1) *Economie politique*, p. 40.

(2) *Contrat social*, livre IV, chap. I.

l'occasion une perte apparente et prochaine pour avoir réellement des profits immenses dans un temps éloigné (1). » L'institution de greniers publics donnera au gouvernement le moyen de combattre la disette, tout en lui procurant à lui-même une source de bénéfices modérés (2).

(1) *Economie politique*, p. 47. — On voit comment par ces idées Rousseau se sépare du « Laissez faire, laissez passer » professé à la même époque par les physiocrates. Son interventionnisme le rapprocherait des systèmes mercantilistes, s'il n'était inspiré par un tout autre motif que celui de multiplier le numéraire dans la masse de la nation. En réalité, c'est un socialiste d'Etat.

(2) C'est à l'exemple de Genève que Rousseau conseille l'établissement de ces magasins. L'abbé Galiani les approuve aussi dans le second de ses *Dialogues sur le Commerce des Blés* (Londres, 1770, p. 39 et suiv.), comme la meilleure façon d'assurer l'approvisionnement dans les petites souverainetés. Il ne faut pas, dit-il, laisser la subsistance de l'Etat à la prévoyance des particuliers. Comme ceux-ci ont pour principe de faire le commerce avec le moins de fonds possible, l'approvisionnement en cas de siège serait trop peu considérable. Le grenier public peut être régi sans abus si la ville est d'une population médiocre ; il y en a moins dans une petite administration que dans une grande. Une ville qui est une souveraineté détachée peut fermer ses portes en cas de disette, exclure les étrangers auxquels elle ne doit rien. On a ainsi un nombre stable, limité de consommateurs, ce qui évite les vols, abus, pilleries et désordres. Le grenier public permet de vendre à un prix fixé par la loi, fixe ou à peu près, avec profit léger pour le Trésor dans les années surabondantes, et dans celles de disette, une perte

Mais ne faut-il pas de l'argent pour le traitement des fonctionnaires de l'Etat? Non, dit Rousseau, ceux-ci ne recevront pas de salaires. Tout est perdu, quand c'est l'intérêt pécuniaire qui les attache à la chose publique. Que leurs biens particuliers souffrent de leur absence, il n'importe. Aucune compensation ne leur est due. L'intérêt privé ne compte pas en face du bien général, qui exige que le magistrat serve l'Etat par pur dévouement. Dans la véritable démocratie, « la magistrature n'est pas un avantage, mais une charge onéreuse (1) » ; dans l'aristocratie, les magistrats ont mieux le temps de donner tout leur soin aux affaires publiques, et puisque la société leur assure des avantages, il est équitable qu'ils lui rendent des services équivalents (2). Dans tous les cas, le magistrat touchera ce que le marquis de Mirabeau appelle une « solde morale. » A la satisfaction du devoir accompli, à

---

que le crédit de l'Etat permet de continuer pendant assez longtemps. Bref, cette façon d'agir est recommandable, « toutes les fois qu'il est question d'une ville comparable à un couvent de moines. » L'assimilation de la cité de Rousseau à un couvent a été faite par Saint-Marc Girardin *(Jean-Jacques Rousseau, sa Vie et ses Ouvrages,* Paris 1857 p. 73) et Taine (*Ancien Régime*, III, IV, 4).

(1) *Contrat social*, livre IV, chap. III.
(2) *Contrat social*, liv. III, ch. V.

l'estime et à l'affection de tous, se joindront des distinctions honorifiques qui serviront d'aiguillon aux talents et aux vertus. La vanité sera l'antidote de l'avarice. Il faut qu'elle concorde si parfaitement avec l'intérêt public que le magistrat mette son orgueil à bien servir la cité. De l'effervescence créée par l'émulation des citoyens « naîtra cette ivresse patriotique qui seule sait élever les hommes au dessus d'eux-mêmes et sans laquelle la liberté n'est qu'un vain nom et la législation qu'une chimère (1). »

Il se peut du reste que le ressort de l'ambition soit trop faible pour mettre en branle l'activité humaine. Dans ce cas, Rousseau condescend à donner des salaires aux magistrats; mais sa prévention contre

(1) *Gouvernement de Pologne*, ch. XII, p. 403 ; ch. III, p. 355; ch. XI, p. 392; ch. XIII : Projet pour assujettir à une marche graduelle tous les membres du gouvernement; ch. XIV : Election des rois. — Bodin, que Rousseau connaissait, attribue également aux honneurs, aux récompenses. La « raison pourquoy les estats populaires ont plus d'homes illustres que les monarchies. » Montesquieu dit aussi : « Le sanctuaire de l'honneur, de la réputation et de la vertu semble être établi dans les Républiques et dans les pays où l'on peut prononcer le nom de patrie. A Rome, à Athènes, à Lacédémone, l'honneur payait seul les services les plus signalés. » (*Lettres persanes*, LXXXIX.) Dans l'*Esprit des Lois*, Montesquieu fait de l'honneur, entendu dans un sens un peu différent, le ressort du gouvernement monarchique.

l'argent les conduit à les vouloir en nature, suivant, dit-il, l'exemple de la Suisse où les officiers publics reçoivent des dîmes, du vin, du bois et des droits utiles. Ce mode de paiement présente des inconvénients, la perte, le gaspillage, les difficultés de gestion, mais un avantage prime tout le reste : « Un homme voudrait maleverser qu'il ne le pourrait pas, du moins sans qu'il y parut (1). »

Nous touchons ici au premier moyen recommandé par Rousseau pour subvenir aux besoins de la République. Poussé par la crainte des fraudes, des abus, des prodigalités auxquels entraîne, selon lui, l'emploi de l'argent, il remonte au système de l'époque médiévale et conseille, d'après Bodin (2) la création d'un domaine public.

(1) *Gouvernement de Pologne*, p. 391.
(2) Il est intéressant de voir Rousseau reproduire (*Econonomie politique*, p. 45) les expressions mêmes de Bodin. Des sept moyens de « faire fonds aux finances, dit Bodin, le premier est au dommaine de la Republique... Il semble estre *le plus honneste et le plus seur* de tous. Aussi lisons-nous que tous les anciens Monarques et Legislateurs qui fondoyent les Republiques, ou transportoyent nouuelles colonies, assignoyèt outre les rues, temples et theatres, certains lieux propres à la République, et comuns a tous en general qui sont appelés communes ; et certain dommaine affermé ou baillé aux particuliers à certain teps ou a perpetuité, pour en payer les rentes ou reuenus au thresor de l'espargne : afin de subuenir aux frais de la Republique... Et a fin que les Princes ne fussent contraints de charger d'imposts leurs subiectz, on chercher les moyens de confisquer leurs biens,

L'Etat vivra du produit de ses terres, sans rien demander aux particuliers. L'assemblée du peuple, préalablement à tout emploi, fixera la quotité du

tous les peuples et Monarques ont tenu pour loy generale et indubistable que le dommaine public doit estre sainct, sacré et inalienable. » (*Les six livres de la République*, de I, Bodin. Angeuin, Paris, 1583. Livre VI, ch. 2). Bodin ajoute qu'il ne faut jamais imposer les sujets que « si tous les autres moyens ne défaillent, et si la nécessité presse de pourvoir à la Republique ». C'est que, la propriété privée étant de droit naturel, le souverain ne peut y porter aucune atteinte sans le consentement des contribuables. Cette condition ne se réalise plus en fait au temps de Bodin ; mais il en était autrement au moyen-âge. L'impôt ne fournissait alors qu'une ressource accidentelle et momentanée que le roi ne pouvait lever en dehors de son domaine sans le concours des hauts justiciers. Même quand l'impôt fut devenu permanent, la dualité primitive subsista pendant longtemps (jusqu'à François Ier) dans le mode de perception, les produits du domaine ou *finances ordinaires* étant administrés sous la direction des trésoriers de France, et les *finances extraordinaires* ou impositions sous la direction des généraux des finances. Aujourd'hui, sauf dans certains Etats comme l'Allemagne, l'Autriche, la Russie, bientôt la Suisse, qui possèdent des domaines agricoles, des mines, des usines et des chemins de fer, les revenus domaniaux sont en général peu importants. L'Etat français a toujours cherché à se défaire des biens ruraux autres que les forêts (cependant Napoléon Ier avait constitué un fonds de valeurs mobilières et de biens fonciers pour les dépenses supplémentaires et les récompenses). Cette situation changera le jour du rachat des chemins de fer ou de l'expiration des concessions, le jour surtout d'une nationalisation du sol dont ses partisans (Walras) attendent la suppression partielle ou totale des impôts.

fonds, ainsi que son affectation aux dépenses : cette solennité le rendra inaliénable. On prendra soin que les revenus des biens, dont l'administration aura lieu en régie, soient employés exclusivement en vue de l'utilité générale, et les agents devront se garder, comme du plus infâme des vols, d'en détourner quelque chose pour leur usage personnel. Mais, dans cette partie, Rousseau attend tout de l'intégrité des magistrats, ainsi que du système général de récompenses qu'il a établi. Car « les livres et tous les comptes des régisseurs servent moins à déceler leurs infidélités qu'à les couvrir, et la prudence n'est jamais aussi prompte à imaginer de nouvelles précautions que la friponnerie a les éluder. Laissez donc les registres et les papiers, et remettez les finances en des mains fidèles ; s'est le seul moyen qu'elles soient fidèlement gérées (1). »

Le domaine public constitue l'unique ressource du gouvernement chez les peuples de mœurs simples. Des nécessités réduites n'exigent que des moyens limités. Mais l'Etat reste peu de temps dans cette situation privilégiée où les besoins s'équilibrent facilement avec les ressources. Rousseau qui a écrit un chapitre sur la mort du corps

---

(1) *Gouvernement de Pologne,* p. 394. — *Economie politique,* p. 45.

politique ne croit pas à la pérennité des établissements humains. Le rôle du législateur consiste à retarder leur fin le plus possible, à distinguer, en vue d'y parer ou d'y remédier, les signes avant-coureurs de la décadence. C'en est un quand les besoins de l'Etat s'accroissent dans de trop grandes proportions (1). Plusieurs causes produisent ce résultat : une étendue de pays considérable, qui multipliant les degrés d'administration, la rend par le fait plus lourde pour les facultés des contribuables (2), un régime monarchique, où le gouvernement devient plus onéreux par tout le luxe dont il entoure la personne du prince (3), les guerres, les conquêtes, souvent un développement de désirs inutiles que ne justifie aucune nécessité réelle, mais la seule avidité des chefs et des folles dépenses des magistrats (4).

Dans tous ces cas, le domaine public ne suffit plus à couvrir les dépenses, et il est nécessaire de recourir au système des contributions. L'Etat exige des citoyens qu'ils mettent à sa disposition

---

(1) Montesquieu, *Considérations sur les Causes de la Grandeur des Romains*, ch. XVIII. « Il n'y a point d'Etat où l'on ait plus besoin de tributs que dans ceux qui s'affaiblissent. »

(2) *Contrat social,* liv. II, ch. ix.

(3) *Contrat social,* liv. III, ch. viii.

(4) *Economie politique*, p. 49.

une quote-part de leurs ressources individuelles. Examinons si ce prélèvement est légitime, s'il est autorisé par le contrat qui sert de fondement juridique à toute société.

Antérieurement au pacte social, la propriété n'existe pas. Le travail n'engendre qu'une possession exclusive, limitée, précaire, qui se substitue au communisme fondé sur la nature des choses. C'est de cette possession, simple fait, que la société fait un droit. Chaque homme, entrant en société, s'assure un droit ferme et reconnu en s'aliénant à la communauté générale, « tel qu'il se trouve actuellement, lui et toutes ses forces, dont les biens qu'il possède font partie. » En échange, la personne publique, dont la puissance est incomparablement plus grande que celle d'un particulier, lui assure, au moins à l'égard des membres de la cité (1), cette possession forte et irrévocable que l'on nomme propriété. Mais la propriété parti-

---

(1) Le contrat social qui élève à la dignité de citoyens les membres d'un même Etat, ne change rien aux relations des peuples entre eux. L'état de nature continue à subsister dans leurs rapports réciproques, et par suite les droits reconnus par un Etat à ses propres membres restent sans effet à l'égard de l'étranger. V. le *Discours sur l'origine de l'inégalité*, p. 80, et le fragment : *Que l'état de guerre naît de l'état social*, manuscrit n° 7856 de la bibliothèque de Neuchâtel, reproduit en appendice (IIme) dans l'édition Dreyfus-Brisac du *Contrat social,* Paris, 1896.

culière reste dans une sorte de dépendance vis-à vis de la personne du souverain. Puisqu'il y a eu aliénation, le vrai propriétaire, c'est l'Etat. « L'Etat à l'égard de ses membres, est maître de tous leurs biens par le contrat social... Les possesseurs sont considérés comme dépositaires du bien public (1). » Sans doute le souverain ne peut enlever aux particuliers les biens qu'ils détiennent, sans violer le contrat primitif dont « la première condition est que chacun soit maintenu dans la paisible jouissance de ce qui lui appartient (2), » mais il n'en

(1) *Contrat social,* liv. I, ch. IX.

(2) *Economie politique*, p. 52. — Cependant dans le sommaire du *Contrat social*, au livre V de l'*Emile*, Rousseau déclare que le souverain « peut légitimement s'emparer du bien de tous, comme cela se fit à Sparte au temps de Lycurgue. » De tous, mais non pas de quelques-uns. Autrement dit, il n'y a là qu'une application du principe en vertu duquel le souverain ne peut statuer que d'une façon générale et *erga omnes*. « Si c'est sur le droit de propriété qu'est fondée l'autorité souveraine, dit Rousseau ce droit est celui qu'elle doit le plus respecter ; il est inviolable et sacré pour elle tant qu'il demeure un droit particulier et individuel : sitôt qu'il est considéré comme commun à tous les citoyens, il est soumis à la volonté générale, et cette volonté générale peut l'anéantir. » La défense faite à l'Etat d'agir par voie de *privilegium*, voilà donc ce qui limite son omnipotence. La liberté et la prospérité de chaque citoyen seront sauvegardées par ce fait que l'on ne pourra prendre de mesures dirigées exclusivement contre elles. On sait qu'il n'en allait pas de même dans les démocraties anciennes, et surtout en

garde pas moins sur chaque propriété privée un droit éminent. C'est à lui que cette propriété doit d'être telle ; il lui assure des garanties, une sécurité, une perpétuité dont elle ne jouirait pas en son absence. En retour, il peut la soumettre à des conditions et à des charges. L'Etat peut régler comme il l'entend la transmission des biens particuliers. « Par nature, le droit de propriété ne s'étend pas au-delà de la vie du propriétaire ; à l'instant qu'un homme est mort, son bien ne lui appartient plus. Ainsi lui prescrire les conditions sous lesquelles il peut disposer, c'est au fond moins altérer son droit en apparence que l'étendre en effet (1). » Par

Grèce, où la vie et la fortune des individus n'avaient aucune garantie contre les passions et les appétits de la foule. (Fustel de Coulanges, *Cité antique*, p. 265 387, 398-404. *Questions historiques*, p. 128. — G. Platon. *La démocratie et le droit fiscal dans l'antiquité et particulièrement à Athènes. Devenir social*, mars 1897.) — Quant à l'expropriation générale que Rousseau attribue à Lycurgue, elle aurait été faite, selon Guiraud, (*La propriété foncière en Grèce jusqu'à la conquête romaine*. p. 41) et Curtius (*Histoire des Grecs*, traduct. Bouché-Leclercq, I, p. 226 s.), par les conquérants doriens de la Laconie aux dépens des primitifs habitants du sol. Les premiers, trop disséminés sur le territoire et sentant le besoin de concentrer leurs forces, se seraient réunis sur un point déterminé, — l'emplacement de la future Lacédémone, — et après avoir chassé les possesseurs de la terre, l'auraient partagée entre eux par portions égales. Il plane du reste beaucoup d'obscurité sur la légende de Lycurgue.

(1) *Economie politique*, p. 42. — Rousseau indique que les

la même raison, l'Etat peut contraindre les citoyens à affecter une partie de leurs ressources à son entretien. Le traité social a pour fin la conservation des contractants. Or, qui veut la fin veut les moyens. Si l'existence d'un organe central est nécessaire pour assurer les bienfaits de l'association politique, si le gouvernement exige des frais et de la dépense, les citoyens doivent naturellement se cotiser pour y subvenir (1). Le bien public le veut ainsi, dont le bien particulier n'est qu'une conséquence. Il n'en va pas différemment de la fortune de l'individu que de sa vie même, dont il doit faire le sacrifice à sa patrie dès qu'elle l'en requiert, parce que « ce n'est qu'à cette condition qu'il a vécu en sûreté jusqu'alors, et que sa vie n'est plus un bienfait de la nature, mais un don conditionnel de l'Etat (2). » Bref, le citoyen doit à l'Etat tous les services que celui-ci lui demande. Bien que la propriété soit un « droit sacré, » le souverain a la faculté de lui imposer toutes les charges utiles à la communauté. Les droits de l'Etat n'ont d'autres bornes que l'utilité commune

lois relatives à la transmission des biens doivent tendre à les immobiliser dans les mêmes familles, de façon à prévenir autant que possible les changements de situation et de fortune qui sont une cause perpétuelle de désordre dans l'Etat.

(1) *Economie politique*, p. 41 et 54.
(2) *Contrat social*, liv. II, ch. v; ch. iv, in fine.

des citoyens ; mais c'est le souverain qui seul est juge de l'importance des sacrifices qu'il exige. En tant que membre du souverain, chaque particulier apporte, par lui-même ou par ses représentants, son adhésion ou son refus aux contributions proposées. L'imposition n'est légitime que si elle a été volontairement consentie, comme les lois auxquelles le citoyen obéit (1).

La répartition des taxes entre les contribuables doit se faire sur la base de l'égalité. Le souverain n'a pas le droit de charger un particulier plus qu'un autre. Il ne connaît que le corps de la nation et ne distingue aucun de ceux qui le composent. « Par sa nature, tout acte de souveraineté, c'est-à-dire tout acte authentique de la volonté générale, oblige ou favorise également tous les citoyens (2). » Donc, point d'exemptions ni de privilèges. Puisque les membres du corps social participent tous aux avantages de la société, il est juste qu'ils supportent tous les charges correspondantes ; il est équitable que ces charges soient graduées propor-

---

(1) En fait, la décision n'est prise qu'à la majorité des voix, mais la soumission de tous aux décisions de la majorité est une des clauses du pacte social. La minorité dissidente contrainte d'obéir au plus grand nombre n'est du reste pas moins libre, si l'on en croit Rousseau, que la majorité qui dégage la volonté générale (*Contrat social*, IV, II; I, VII).

(2) *Contrat Social,* livre II, chapitre IV.

tionnellement aux facultés de ceux qui possèdent, de façon à réaliser le plus exactement possible l'équivalence de leurs prestations.

Mais qu'entendre par équivalence des prestations? Rousseau s'explique à propos de la première taxe dont il parle, l'impôt personnel.

Montesquieu avait classé les impôts en trois catégories : ceux sur les personnes, ceux sur les terres et ceux sur les marchandises. Rousseau reprend à peu près la même classification, mais en donnant au troisième groupe un caractère particulier, celui d'impôts somptuaires (1).

1° *Impôt personnel*. — Il peut revêtir deux formes. Dans la première, tous les contingents sont égaux, et les contribuables sont frappés à tant par tête, sans que l'on tienne compte de l'importance de leurs biens. C'est cette sorte d'imposition, — la capitation véritable, — dont Montesquieu a dit qu'elle est plus propre à la servitude et la taxe réelle plus convenable à la liberté (2).

(1) C'est dans l'*article sur l'Economie politique*, page 55 et suiv., que Rousseau aborde principalement l'examen du problème fiscal. Les citations suivantes sont empruntées à cet article.
(2) Montesquieu (*Esprit des lois,* liv. XIII, ch. xiv), dit exactement : « L'impôt par tête est plus naturel à la servitude ; l'impôt sur les marchandises est plus naturel à la liberté, parce qu'il se rapporte d'une manière moins directe à la personne. »

Ce qui est vrai, remarque Rousseau, car il n'y a « rien de plus disproportionné qu'une pareille taxe, et c'est surtout dans les proportions exactement observées que consiste l'esprit de la liberté. » — Si l'on tient compte de la fortune des particuliers, l'impôt devient à la fois réel et personnel, analogue à celui qui porte en France le nom de capitation. Exactement proportionnel aux facultés des contribuables, c'est certainement le plus équitable de tous, le plus convenable à une association d'hommes libres. Malheureusement son application est difficile. Comment apprécier le revenu de chacun ? En l'évaluant d'après des signes extérieurs, d'après l'état que l'individu tient dans le monde ? Mais « outre que l'avarice, le crédit et la fraude savent éluder jusqu'à l'évidence, il est rare qu'on tienne compte dans ces calculs de tous les éléments qui doivent y entrer. » Il ne suffit pas de décider que celui qui a dix fois plus de bien qu'un autre paiera dix fois plus que lui. La véritable proportion n'est pas la proportion arithmétique. Le sacrifice n'est pas égal pour celui qui possède beaucoup et pour celui qui possède peu, puisque l'un paie la taxe sur son nécessaire et l'autre sur son superflu. « Celui qui n'a que le simple nécessaire ne doit rien payer du tout ; la taxe de celui qui a du superflu peut aller au besoin jusqu'à la concurrence de tout ce qui excède son nécessaire.

A cela il dira qu'eu égard à son rang, ce qui serait superflu pour un homme inférieur est nécessaire pour lui ; mais c'est un mensonge, car un grand a deux jambes ainsi qu'un bouvier, et n'a qu'un ventre non plus que lui. De plus, ce prétendu nécessaire est si peu nécessaire à son rang, que, s'il savait y renoncer pour un sujet louable, il n'en serait que plus respecté. Le peuple se prosternerait devant un ministre qui irait au conseil à pied, pour avoir vendu ses carrosses dans un pressant besoin de l'Etat. Enfin la loi ne prescrit la magnificence à personne, et la bienséance n'est jamais une raison contre le droit. »

Du reste, il ne suffit pas de tenir compte des sacrifices imposés aux particuliers ; il faut encore tenir compte des avantages qu'ils retirent de l'existence de la société. « La confédération sociale protège fortement les immenses possessions du riche et laisse à peine un misérable jouir de la chaumière qu'il a construite de ses mains. Tous les avantages de la société ne sont-ils pas pour les puissants et les riches? Tous les emplois lucratifs ne sont-ils pas remplis par eux? Toutes les grâces, toutes les exemptions ne leur sont-elles pas réservées ? et l'autorité publique n'est-elle pas toute en leur faveur? Qu'un homme de considération vole ses créanciers ou fasse d'autres friponneries, n'est-il pas toujours sûr de l'impunité? Les coups de bâton qu'il distribue, les violences qu'il commet, les meurtres mêmes et les assassinats dont il se rend coupable, ne sont-ce pas des affaires qu'on assoupit, et dont au bout de six mois il n'est plus question? Que ce même homme soit volé, toute la police est aussitôt en mouvement ; et malheur aux innocents qu'il soupçonne ! Passe-t-il dans un lieu dangereux, voilà les escortes en campagne ; l'essieu de sa chaise vient-il à se rompre, tout vole à son secours ; fait-on du bruit à sa porte, il dit un mot, et tout se tait ; la foule l'incommode-t-elle, il fait un signe, et tout se range ; un charretier se trouve-t-il sur son passage, ses gens sont prêts à l'assommer ; et cinquante honnêtes piétons allant à leurs affaires seraient plutôt écrasés qu'un faquin oisif attardé dans son équipage. Tous ces égards ne lui coûtent pas un sou ; ils sont le droit de l'homme riche, et non le prix de la richesse. Que le tableau du pauvre est différent ! plus l'humanité lui doit, plus la société lui refuse ; toutes les portes lui sont fermées, même quand il a droit de les faire ouvrir ; et si quelquefois il obtient justice, c'est avec plus de peine qu'un autre n'obtiendrait grâce : s'il y a des corvées à faire, une milice à tirer, c'est à lui qu'on donne la préférence ; il porte toujours, outre sa charge, celle dont son voisin plus riche a le crédit de se faire exempter : au moindre accident qui lui arrive, chacun s'éloigne de lui : si sa pauvre charrette verse, loin d'être aidé par personne, je le tiens heureux s'il évite en passant les avanies des gens lestes d'un jeune duc : en un mot, toute assistance gratuite le fuit au besoin, précisément parce qu'il n'a pas de quoi la payer : mais je le tiens pour un homme perdu s'il a le malheur d'avoir l'âme honnête, une fille aimable et un puissant voisin. »

A tout cela Rousseau ajoute que « les pertes des pauvres sont beaucoup moins réparables que celles du riche, et que la difficulté d'acquérir croît toujours en raison du besoin..... Il y a plus encore ; c'est que tout ce que le pauvre paie est à jamais perdu pour lui, et reste ou revient dans les mains du riche; et comme c'est aux seuls hommes qui ont part au gouvernement, ou à ceux qui en approchent, que passe tôt ou tard le produit des impôts (1), ils ont, même en payant leur contingent,

---

(1) « La France, dira pittoresquement M. Taine, ressemble à une vaste écurie où les chevaux de race auraient double et triple ration pour être oisifs ou ne faire que demi-service, tandis que les chevaux de trait font le plein service avec une demi-ration qui leur manque souvent. Encore faut-il noter que parmi ces chevaux de race, il est un troupeau privilégié qui, né auprès du râtelier, écarte ses pareils et mange à pleine bouche, gras, brillant, le poil poli et jusqu'au ventre en la litière, sans autre occupation que de toujours tirer à soi. Ce sont les nobles de cour, qui vivent à portée des grâces, exercés dès l'enfance à demander, obtenir et demander

un intérêt sensible à les augmenter. Résumons en quatre mots le pacte social des deux états : « Vous avez besoin de moi, car je suis riche et vous êtes pauvre ; faisons donc un accord entre nous : je permettrai que vous ayez l'honneur de me servir, à condition que vous me donnerez le peu qui vous reste pour la peine que je prendrai de vous commander. »

Sur ce trait d'ironie cinglante et amère, Rousseau conclut en disant que l'impôt vraiment équitable est l'impôt progressif, avec exemption totale d'un minimum d'existence. « L'imposition ne doit pas être faite seulement en raison des biens des contri_ buables, mais en raison composée de la différence de leurs conditions et du superflu de leurs biens. » Seulement Rousseau n'indique pas ce qu'il faut

encore, uniquement attentifs aux faveurs et aux froideurs royales, pour qui l'Œil-de-Bœuf compose l'univers. » (*Ancien Régime*, I, IV, 3.) Suit le détail des prélèvements abusifs sur le budget, gouvernements, offices, sinécures, pensions, gratifications, qui dépassent l'imaginable. Une foule énorme de seigneurs vit aux frais de l'Etat. « Le roi, dit Mme de Sévigné (12 janvier 1660), fait des libéralités immenses ; quoiqu'on ne soit point son valet de chambre, il peut arriver qu'en faisant sa cour on se trouve sous ce qu'il jette. » Colbert cherche inutilement à réagir. Le chiffre des pensions va sans cesse croissant, ce qui amène au XVIIIe siècle les plaintes des économistes (*Ami des hommes*, 2e partie, p. 81 et suiv. — D'Argenson : « La cour est le tombeau de la nation »), et les réformes de Necker et de Brienne.

— 54 —

entendre par nécessaire et par superflu, ni sur quelles bases rationnelles sera établie la progression. Sans doute pensait-il que la réponse à ces questions, dont il n'ignorait pas la difficulté (1), devait varier avec les circonstances accidentelles de temps, de lieu et d'état social. Il lui suffisait de poser les lignes générales d'un système qui se relie étroitement à l'ensemble de ses doctrines sociales, puisqu'il tend moins sans doute à fournir des revenus à l'Etat (2), qu'à corriger l'inégale répartition des richesses, et à ramener les fortunes vers une moyenne suffisante par la confiscation éventuelle des gros revenus (3).

(1) Rousseau regarde en effet la répartition des taxes, comme « une opération très importante et très difficile que font tous les jours des multitudes de commis honnêtes gens et qui savent l'arithmétique, mais dont les Platon et les Montesquieu n'eussent osé se charger qu'en tremblant, et en demandant au Ciel des lumières et de l'intégrité. »

(2) On comprend en effet que l'impôt cesse d'être productif du moment qu'il devient prohibitif. Dans la cité idéale de Rousseau, l'impôt progressif sur le revenu rendrait peu de chose, puisque les petits revenus seraient exemptés, et que le maximum des autres ne dépasserait pas un chiffre suffisant pour assurer à leurs possesseurs une existence très modeste. Mais précisément, dans cette cité idéale, il n'y aurait pas d'impôt payable en argent.

(3) Parmi les partisans de l'impôt progressif au XVIIIe siècle, on peut citer Montesquieu, Bernardin de Saint-Pierre et Condorcet. Voici le passage de Montesquieu (*Esprit des lois*,

2° *Impôt réel*. — Le produit de la taxe personnelle, entendue *stricto sensu* n'est pas toujours bien assuré, parce qu'on dérobe plus aisément au fisc sa tête que ses possessions. Cet inconvénient ne se rencontre pas dans la taille réelle. Le cens sur les terres est, comme son nom l'indique, un impôt sur le revenu des biens fonciers. Il a le tort de frapper lourdement l'agriculture, et de compromettre, lorsqu'il devient excessif, la culture, les subsistances et la population. La terre ne peut être bien cultivée qu'à condition d'être à peu près exempte de charges. C'est ce que montre l'exemple de l'Angleterre et de la Hollande, où le paysan paie peu de chose, et de la Chine, où il ne paie rien.

---

liv. XIII, ch. vii): « Dans l'impôt de la personne, la proportion injuste serait celle qui suivrait exactement la proportion des biens. On avait divisé à Athènes les citoyens en quatre classes. Ceux qui retiraient de leurs biens cinq cents mesures de fruits liquides ou secs payaient au public un talent ; ceux qui en retiraient trois cents mesures payaient un demi-talent ; ceux qui avaient deux cents mesures payaient dix mines, ou la sixième partie d'un talent ; ceux de la quatrième classe ne donnaient rien. La taxe était juste, quoiqu'elle ne fût point proportionnelle : si elle ne suivait pas la proportion des biens, elle suivait la proportion des besoins. On jugea que chacun avait un nécessaire physique égal ; que ce nécessaire physique ne devait point être taxé ; que l'utile venait ensuite, et qu'il devait être taxé, mais moins que le superflu ; que la grandeur de la taxe sur le superflu empêchait le superflu. »

Mais qu'au contraire, les impôts absorbent la valeur de la récolte, et voilà des champs en friche; car le cultivateur trouve inutile de dépenser en pure perte un travail dont il ne retire pas de profit (1).

C'est par deux principaux effets que la taille réelle contribue à rendre plus difficile la condition de l'agriculteur. D'abord elle vicie la circulation normale du numéraire, cette circulation qui, au dire des physiocrates, le fait passer dans le cours d'une même année successivement aux mains des trois classes (2). Mais, remarque Rousseau, outre que le commerce et l'industrie attirent dans les villes l'argent du pays, l'impôt achève de détruire

---

(1) C'est pourquoi les physiocrates ne frappent d'impôt que le *produit net* de la terre (rente territoriale). Le fermier ne supporte aucune charge. L'impôt prélevé sur ses reprises aurait pour résultat de compromettre la culture. Mais l'Etat garantissant au propriétaire la possession de sa terre, se trouve co-propriétaire du produit net, et a le droit d'en prélever une partie pour subvenir aux dépenses publiques.

(2) La classe productive, la classe des propriétaires, la classe stérile, stipendiée (Turgot), ou subordonnée (Du Pont). Cette loi de la circulation est surtout développée par Le Trosne dans le chapitre XXVI de son ouvrage : *De l'intérêt social par rapport à la valeur, à la circulation, à l'industrie et au commerce intérieur et extérieur*, 1777, publié en réponse au livre de Condillac sur *le Commerce et le gouvernement*, qui avait paru un an avant.

la proportion qui pouvait encore se trouver entre les besoins du cultivateur et le prix de son blé. « L'argent vient sans cesse et ne retourne jamais : plus la ville est riche, et plus le pays est misérable. Le produit des tailles passe des mains du prince ou des financiers dans celles des artistes et des marchands; et le cultivateur qui n'en reçoit jamais que la moindre partie, s'épuise enfin en payant toujours également et recevant toujours moins. Comment voudrait-on que pût vivre un homme qui n'aurait que des veines et point d'artères, ou dont les artères ne porteraient le sang qu'à quatre doigts du cœur? Chardin (1) dit qu'en Perse les droits du roi sur les denrées se paient aussi en denrées : cet usage qu'Hérodote témoigne avoir autrefois été pratiqué dans le même pays par Darius, peut prévenir le mal dont je viens de parler. Mais à moins qu'en Perse les intendants, directeurs, commis et garde-magasins ne soient une autre espèce de gens que partout ailleurs, j'ai peine à croire qu'il arrive jusqu'au roi la moindre

---

(1) C'est à Chardin que Montesquieu doit l'exotisme des *Lettres persanes*, la théorie des climats, celle du despotisme. Les récits de voyages de Chardin, de Bernier et de Tavernier ont mis l'Asie à la mode dès la fin du XVII° siècle, et depuis lors la curiosité mondaine ou philosophique n'a pas cessé de s'intéresser aux civilisations orientales, surtout à celles de la Perse et de la Chine.

chose de tous ces produits, que les blés ne se gâtent pas dans tous les greniers, et que le feu ne consume pas la plupart des magasins. »

« Le second inconvénient vient d'un avantage apparent, qui laisse aggraver les maux avant qu'on les aperçoive : c'est que le blé est une denrée que les impôts ne renchérissent point dans le pays qui le produit, et dont, malgré son absolue nécessité, la quantité diminue sans que le prix en augmente, ce qui fait que beaucoup de gens meurent de faim, quoique le blé continue d'être à bon marché, et que le laboureur reste seul chargé de l'impôt, qu'il n'a pu défalquer du prix de la vente. Il faut bien faire attention qu'on ne doit pas raisonner de la taille réelle comme des droits sur toutes les marchandises qui en font hausser le prix, et sont ainsi payés moins par les marchands que par les acheteurs. Car ces droits, quelques forts qu'ils puissent être, sont pourtant volontaires, et ne sont payés par le marchand qu'à proportion des marchandises qu'il achète; et comme il n'achète qu'à proportion de son débit, il fait la loi au particulier. Mais le laboureur qui, soit qu'il vende ou non, est contraint de payer à des termes fixes pour le terrain qu'il cultive, n'est pas le maître d'attendre qu'on mette à sa denrée le prix qu'il lui plaît; et quand il ne la vendrait pas pour s'entretenir, il serait forcé de la vendre pour payer la taille; de sorte que c'est quelquefois l'énormité de l'imposition qui maintient la denrée à vil prix. »

Du reste il ne faut pas croire qu'une abondance de numéraire produite par le développement du commerce et de l'industrie ait pour effet de rendre plus facile le paiement de la taille réelle. La valeur de l'argent, on le sait, n'est que relative. Que la quantité de monnaie vienne à doubler dans le pays, personne n'en sera plus riche, puisque les prix hausseront dans une proportion équivalente. Le plus généralement du reste, les villes où se tiennent les marchands profiteront seules de cette abondance. La condition du paysan ne pourrait être améliorée que par le commerce des denrées agricoles, qui suppose un excédent de récoltes et la faculté de l'écouler à l'étranger (1).

(1) La libre exportation des grains n'existe plus depuis l'édit de Colbert de 1661. L'Etat préoccupé de mettre l'industrie dans les conditions les plus favorables pour lutter avec l'étranger, croit qu'il est de son intérêt de forcer les producteurs agricoles à fournir leurs denrées au meilleur marché possible. Boisguilbert s'est vivement élevé contre ce système; il a revendiqué la liberté du commerce des grains comme étant le seul moyen d'assurer aux cultivateurs un prix rémunérateur, qui permette de livrer à la culture les terres les moins favorisées de la nature, nécessairement laissées en friche lorsque la valeur de la récolte ne couvre pas les frais de production (le prix des denrées agricoles déterminant la limite de la culture). Mais le préjugé populaire, la crainte d'une trop grande cherté des blés, du

Pour ces raisons, Rousseau rejette résolument l'impôt sur les terres. « On doit voir, dit-il, que la taille sur les terres est un véritable impôt sur leur produit. Cependant chacun convient que rien n'est si dangereux qu'un impôt sur le blé payé par l'acheteur. Comment ne voit-on pas que le mal est cent fois pire quand cet impôt est payé par le cultivateur même? n'est-ce pas attaquer la subsistance de l'état jusque dans sa source? n'est-ce pas travailler aussi directement qu'il est possible à dépeupler le pays, et par conséquent à le ruiner à la longue? car il n'y a point pour une nation de pire disette que celle des hommes. »

On remarquera que si, par ses doléances trop fondées (1) sur la misère de l'agriculture et le dépeuplement des campagnes, Rousseau se rap-

---

prix de famine, empêche le gouvernement de faire droit à ces revendications. Enfin, sous l'impulsion du mouvement physiocratique, un édit de 1763 (contrôleur général Bertin) permet la libre circulation des blés à l'intérieur, et l'année suivante (contrôleur général de Laverdy), l'exportation est autorisée, moyennant un droit de 12 %, toutes les fois que le blé ne vaut pas plus de 12 livres 10 sous le quintal. Ces deux édits sont du reste rapportés en 1770, par l'abbé Terray, qui rétablit la réglementation du commerce des céréales. V. Afanassiev, *Le commerce des céréales en France au dix-huitième siècle*, Paris, 1894.

(1) Taine, *Ancien régime,* V. I. — Karéiew, *Les paysans et la question paysanne en France*, trad. Woynarowska, 1899.

proche de Vauban, de Boisguilbert et des philosophes économistes ses contemporains, il s'en éloigne en rejetant une forme d'imposition qui paraissait à ces derniers la seule rationnelle. Dix-sept ans après l'article sur l'*Economie politique* (1), les idées de Rousseau ont évolué. Dans le projet de réforme du *Gouvernement de Pologne*, écrit en 1772, il se montre fervent partisan d'une taxe réelle améliorée. Une de ses phrases sur la productivité de l'agriculture reproduit un principe essentiel des physiocrates ; pourtant ce n'est pas à Quesnay, mais, comme il l'indique à Vauban et à l'abbé de Saint-Pierre (2) qu'il emprunte les lignes générales de son système. « L'impôt le meilleur, le plus naturel, et qui n'est point sujet à la fraude,

---

(1) Cet article a paru en novembre 1755 dans le Tome V de l'*Encyclopédie*. Voir la lettre de Rousseau à Vernes du 23 novembre. M. Rambaud, dans son *Histoire des doctrines économiques*, 1899, p. 389, attribue au « *Discours sur l'économie politique* » la date de 1758. Mais il y a là une confusion avec la réimpression de l'*Economie* faite à l'insu de son auteur, en 1758, à Lausanne, par Duvillard.

(2) Après son arrivée à Montmorency, en 1756, Rousseau s'occupa de faire un extrait des ouvrages de l'abbé de Saint-Pierre, dont les manuscrits lui avaient été remis par le neveu de l'écrivain. Le travail n'aboutit pas ; Rousseau se borna à une analyse du *Projet de paix perpétuelle* et de la *Polysinodie*. Mais il put à cette occasion approfondir les idées de l'abbé de Saint-Pierre sur l'impôt et son *Projet de taille tarifée*.

est une taxe proportionnelle sur les terres, et sur toutes les terres sans exception, comme l'ont proposé le maréchal de Vauban et l'abbé de Saint-Pierre ; car enfin c'est ce qui produit qui doit payer. Tous les biens royaux, terrestres, ecclésiastiques et en roture doivent payer également, c'est-à-dire proportionnellement à leur étendue et à leur produit, quelqu'en soit le propriétaire. Cette imposition paraîtrait demander une opération préliminaire qui serait longue et coûteuse, savoir un cadastre général (1). Mais cette dépense peut très bien s'éviter, et même avec avantage, en asseyant l'impôt non sur la terre directement, mais sur son produit, ce qui serait encore plus juste ; c'est-à-dire en établissant, dans la proportion qui serait jugée convenable, une dîme qui se léverait en nature sur la récolte, comme la dîme ecclésiastique ; et, pour éviter l'embarras des détails et des magasins, on affermerait ces dîmes à l'enchère, comme font les curés ; en sorte que les particuliers ne seraient tenus de payer la dîme

---

(1) Bodin avait déjà eu l'idée d'un cadastre général. Turgot dans une déclaration du 30 décembre 1761 ordonna, dans le but d'asscoir équitablement la répartition de l'impôt foncier, l'établissement de valeurs cadastrales, attribuant à chaque parcelle un revenu proportionnel à celui des autres, quoique non absolu et réel. Il en fut fait divers essais en France avant 1789.

que sur leur récolte, et ne la payeraient de leur bourse que lorsqu'ils l'aimeraient mieux ainsi, sur un tarif réglé par le gouvernement (1). Ces fermes réunies pourraient être un objet de commerce, par le débit des denrées qu'elles produiraient, et qui pourraient passer à l'étranger par la voie de Dantzick ou de Riga. On éviterait encore par là tous les frais de perception et de régie, toutes ces nuées de commis et d'employés si odieux au peuple, si incommodes au public; et, ce qui est le plus grand point, la république aurait de l'argent sans que les citoyens fussent obligés d'en donner : car je ne répèterai jamais assez que ce qu. rend la taille et tous les impôts onéreux au cultivateur, est qu'ils sont pécuniaires, et qu'il est premièrement obligé de vendre pour parvenir à payer » (2).

3° — Malgré la correction apportée à ses idées

---

(1) Le paiement en nature était fréquent sous l'empire romain et le régime féodal. Il se perpétua en France pour les dîmes ecclésiastiques jusqu'en 1789. Vauban, dans la *Dîme royale*, proposa de l'appliquer sur une large échelle. Il y voyait cet avantage que la charge de l'impôt variait en raison exacte de la quantité des récoltes et de leur valeur; en outre, la dîme étant levée sur le champ au moment de la récolte, les rigueurs de la collecte étaient évitées. Pâris-Duverney, au mois de juin 1725, tenta l'application de ce système pour la perception du cinquantième; mais, devant les difficultés d'exécution, l'édit fut suspendu le 21 juin 1726.

(2) *Gouvernement de Pologne*, ch. XI, p. 396.

dans le Projet de réforme de 1772, correction qu'expliquent suffisamment sans doute et la fortune des doctrines physiocratiques, et la nécessité de procurer des ressources à un pays en grande partie agricole, pauvre de commerce et d industrie, où la terre appartenait presque exclusivement à la noblesse, on doit dire que Rousseau se montre défavorable à tout impôt sur les choses de première nécessité. Le but de la société n'est autre que la conservation de ses membres (1); elle irait donc à l'encontre de sa fin en rendant plus difficile et plus coûteuse aux citoyens l'acquisition des denrées nécessaires à leur subsistance. Une taxe frappant ce qui est indispensable à la vie physique, — aussi bien la denrée elle-même que le moyen de l'acquérir, — offrirait un caractère d'injustice qui révolte l'âme sensible de Rousseau. On exemptera donc de toute entrave la satisfaction des besoins légitimes de l'être humain ; mais on frappera au contraire de lourdes charges ce qui contribue à détourner de l'existence naturelle, ce qui entretient le goût d'une vie fastueuse, ce qui nourrit et développe le luxe et la vanité. L'impôt doit se faire le serviteur de la morale, promouvoir indirectement les hommes à la vertu. En leur rendant plus difficile l'acquisition des choses inutiles ou corrup-

---

(1) *Contrat Social*, liv I, chap. IV.

trices, en éclairant leur intelligence par la défaveur dont il entoure ces faux biens, il les amènera à contracter les habitudes de simplicité désirables ; il maintiendra au sein de la cité un esprit de frugalité, d'égalité (1), de travail sans lequel deviennent impossible l'exacte observation des lois, la concorde des citoyens, l'amour vivant et dominateur de la république et de la patrie. « Il n'appartient qu'à un véritable homme d'Etat, dit Rousseau, d'élever ses vues dans l'assiette des impôts plus haut que l'objet des finances, de transformer des charges onéreuses en d'utiles réglements de police, et de faire douter au peuple si de tels établissements n'ont pas pour fin le bien de la nation plutôt que le produit des taxes (2). »

Par application de ces principes, Rousseau recommande « les droits sur l'importation des mar-

---

(1) Montesquieu, *Esprit des lois,* liv. V. chap, III. « L'amour de la république, dans une démocratie, est celui de la démocratie ; l'amour de la démocratie est celui de l'égalité. L'amour de la démocratie est encore l'amour de la frugalité. Chacun devant y avoir le même bonheur et les mêmes avantages, y doit goûter les mêmes plaisirs, et former les mêmes espérances ; chose qu'on ne peut attendre que de la frugalité générale. » — D'Argenson, *Mémoires*, édit. Janet, t. V, 327. « Egalité et frugalité, deux principales vertus dans l'Etat. L'égalité est la perfection politique. »

(2) *Economie politique,* p. 64.

chandises étrangères dont les habitants sont avides sans que le pays en ait besoin, sur l'exportation de celles du cru du pays, dont il n'a pas de trop et dont les étrangers ne peuvent se passer, sur les productions des arts inutiles et trop lucratifs, sur les entrées dans les villes des choses de pur agrément et en général sur tous les objets de luxe. C'est par de tels impôts qui soulagent la pauvreté et chargent la richesse, qu'il faut prévenir l'augmentation continuelle de l'inégalité des fortunes, l'asservissement aux riches d'une multitude d'ouvriers et de serviteurs inutiles, la multiplications des gens oisifs dans les villes, et la désertion des campagnes. »

Du reste, en ce qui concerne l'établissement des droits sur les marchandises, le législateur doit s'astreindre à certaines règles : 1° faire en sorte que ces droits n'augmentent pas le prix des choses au point de porter les particuliers à la fraude par l'énormité des profits. Montesquieu avait déjà donné ce conseil, dans un passage où il vise manifestement l'impôt des gabelles : « Pour que le prix de la chose et le droit puissent se confondre dans la tête de celui qui paye, il faut qu'il y ait quelque rapport entre la marchandise et l'impôt, et que, sur une denrée de peu de valeur, on ne mette pas un droit excessif. Il y a des pays où le droit excède de dix-sept ou de dix-huit fois la valeur de la marchandise. Pour lors le prince ôte l'illusion à ses sujets ; ils voient qu'ils sont conduits d'une manière qui n'est pas raisonnable : ce qui leur fait sentir leur servitude au dernier point. D'ailleurs, pour que le prince puisse lever un droit si disproportionné à la valeur de la chose, il faut qu'il vende lui-même la marchandise et que le peuple ne puisse l'aller acheter ailleurs, ce qui est sujet à mille inconvénients. La fraude étant dans ce cas très lucrative, la peine naturelle, celle que la raison demande, qui est la confiscation de la marchandise, devient incapable de l'arrêter ; d'autant plus que cette marchandise est pour l'ordinaire d'un prix très vil. Il faut donc avoir recours à des peines extravagantes (1), et pareilles à celles que l'on inflige pour les plus grands crimes. Toute la proportion des peines est ôtée. Des gens qu'on ne saurait regarder comme des hommes méchants, sont punis comme des scélérats, ce qui est la chose du monde la plus contraire à l'esprit du gouvernement modéré. J'ajoute que plus on met le peuple en occasion de frauder le traitant, plus on enrichit celui-ci et on

---

(1) Sous l'Ancien Régime, ces peines mêmes étaient impuissantes à arrêter la contrebande des faux-sauniers, et pour la combattre efficacement le gouvernement fut réduit à la rendre sans objet par l'établissement du *devoir de gabelle*.

appauvrit celui-là. Pour arrêter la fraude, il faut donner au traitant des moyens de vexations extraordinaires, et tout est perdu (1). »

2° Il convient aussi, dit Rousseau, « que l'impôt soit payé par celui qui emploie la chose plutôt que par celui qui la vend, auquel la quantité des droits dont il se trouve chargé donnerait plus de tentations et de moyens de les frauder. C'est l'usage constant de la Chine, le pays du monde où les impôts sont les plus forts et les mieux payés : le marchand ne paie rien ; l'acheteur seul acquitte le droit, sans qu'il en résulte ni murmures ni séditions, parce que les denrées nécessaires à la vie, telles que le riz et le blé, étant absolument franches, le peuple n'est point foulé, et l'impôt ne tombe que sur les gens aisés. Au reste, toutes les précautions ne doivent pas tant être dictées par la crainte de la contrebande que par l'attention que doit avoir le gouvernement à garantir les particuliers de la séduction des profits illégitimes qui, après en avoir fait de mauvais citoyens ne tarderait pas d'en faire de malhonnêtes gens. »

Ce passage est intéressant à rapprocher de celui où Montesquieu se montre partisan du système contraire. « Les droits sur les marchandises sont ceux que les peuples sentent le moins, parce qu'on

---

(1) *Esprit des lois*, liv. XIII. chap. VIII.

ne leur fait pas une demande formelle. Ils peuvent être si sagement ménagés que le peuple ignorera presque qu'il les paye. Pour cela, il est d'une grande conséquence que ce soit celui qui vend la marchandise qui paye le droit. Il sait bien qu'il ne paye pas pour lui; et l'acheteur, qui dans le fond paye, le confond avec le prix... Il y a deux royaumes en Europe où l'on a mis des impôts très forts sur les boissons; dans l'un le brasseur seul paye le droit ; dans l'autre, il est levé indifféremment sur tous les sujets qui consomment. Dans le premier, personne ne sent la rigueur de l'impôt; dans le second, il est regardé comme onéreux : dans celui-là, le citoyen ne sent que la liberté qu'il a de ne pas payer; dans celui-ci, il ne sent que la nécessité qui l'y oblige. D'ailleurs, pour que le citoyen paye, il faut des recherches perpétuelles dans sa maison. Rien n'est plus contraire à la liberté; et ceux qui établissent ces sortes d'impôts n'ont pas le bonheur d'avoir à cet égard rencontré la meilleure sorte d'administration (1). »

3° Il faut enfin préférer les marchandises les moins faciles à cacher. La perception qu'on élude par la contrebande « fait des non-valeurs, remplit l'Etat de fraudeurs et de brigands, corrompt la

(1) *Esprit des lois*, livr XIII, chap. vii.

fidélité des citoyens (1). » Par conséquent « qu'on établisse de fortes taxes sur la livrée, sur les équipages, sur les glaces, lustres et ameublements, sur les étoffes et la dorure, sur les cours et jardins des hôtels, sur les spectacles de toute espèce, sur les professions oiseuses, comme baladins, chanteurs, histrions, et en un mot, sur cette foule d'objets de luxe, d'amusement et d'oisiveté qui frappent tous les yeux, et qui peuvent d'autant moins se cacher que leur seul usage est de se montrer, et qu'ils seraient inutiles, s'ils n'étaient vus (2). »

Les impôts somptuaires ne sont pas en général très productifs. L'usage des objets de luxe étant restreint, la taxe qui les frappe rend peu de chose, quand elle est faible, et quand elle est forte, elle aboutit rapidement à supprimer la consommation. Cependant Rousseau ne croit pas qu'un tel danger soit à craindre. « C'est bien mal connaître les hommes que de croire qu'après s'être une fois laissé séduire par le luxe, ils y puissent jamais renoncer ; ils renonceraient cent fois plutôt au nécessaire, et aimeraient encore mieux mourir de faim que de honte. L'augmentation de la dépense ne sera qu'une nouvelle raison pour la soutenir, quand la

(1) *Gouvernement de Pologne,* p. 395.
(2) *Economie politique,* p. 65.

vanité de se montrer opulent fera son profit du prix de la chose et des frais de la taxe. Tant qu'il y aura des riches, ils voudront se distinguer des pauvres; et l'Etat ne saurait se former un revenu moins onéreux ni plus assuré que sur cette distinction. Par la même raison, l'industrie n'aurait rien à souffrir d'un ordre économique qui enrichirait les finances, ranimerait l'agriculture en soulageant le laboureur, et rapprocherait insensiblement toutes les fortunes de cette médiocrité qui fait la véritable force d'un Etat. Il se pourrait, je l'avoue, que les impôts contribuassent à faire passer plus rapidement quelques modes : mais ce ne serait jamais que pour en substituer d'autres sur lesquelles l'ouvrier gagnerait sans que le fisc eût rien à perdre. En un mot, supposons que l'esprit du gouvernement soit constamment d'asseoir toutes les taxes sur le superflu des richesses, il arrivera de deux choses l'une : ou les riches renonceront à leurs dépenses superflues pour n'en faire que d'utiles, qui retourneront au profit de l'Etat; alors l'assiette des impôts aura produit l'effet des meilleures lois somptuaires, les dépenses de l'Etat auront nécessairement diminué avec celles des particuliers, et le fisc ne saurait moins recevoir de cette manière qu'il n'ait beaucoup moins encore à débourser ; ou si les riches ne diminuent rien de leurs profusions, le fisc aura dans le produit des impôts les ressources qu'il cherchait pour pourvoir aux besoins réels de l'Etat. Dans le premier cas, le fisc s'enrichit de toute la dépense qu'il a de moins à faire; dans le second, il s'enrichit encore de la dépense inutile des particuliers (1). »

Une dernière remarque très importante relativement aux taxes somptuaires, c'est que le gouvernement peut les établir sans le consentement du peuple. Il n'en est pas de même, on l'a vu, pour l'impôt proprement dit qui s'attaque directement aux personnes et aux propriétés. Mais les droits sur les marchandises de luxe, sur les choses inutiles et superflues dont on peut, si on le veut, s'interdire l'usage, ne présentent pas le caractère coercitif des taxes directes. Ils ne frappent pas nécessairement le citoyen, qui, en n'achetant pas la chose, se dispense aussi de payer le droit. S'il le paie « sa contribution peut passer pour volontaire; de sorte que le consentement particulier de chacun des contribuants supplée au consentement général, et le suppose même en quelque manière : car pourquoi le peuple s'opposerait-il à toute imposition qui ne tombe que sur quiconque veut bien la payer? Il me paraît certain que tout ce qui n'est ni proscrit par les lois, ni contraire aux mœurs, et que le gouvernement peut défendre, il

(1) *Economie politique*, p. 66-67.

peut le permettre moyennant un droit. Si, par exemple, le gouvernement peut interdire l'usage des carrosses, il peut, à plus forte raison, imposer une taxe sur les carrosses; moyen sage et utile d'en blâmer l'usage sans le faire cesser. Alors on peut regarder la taxe comme une espèce d'amende dont le produit dédommage de l'abus qu'elle punit (1). »

Le droit de frapper de taxes les objets et les manifestations de luxe ressort donc selon Rousseau au pouvoir réglementaire du gouvernement. On pourrait trouver à cette manière de voir une analogie avec l'ancienne coutume qui reconnaissait aux rois de France et d'Angleterre le pouvoir de lever des droits sur le commerce avec l'étranger sans le consentement de leurs sujets. Rousseau objecte qu'il n'est sans doute pas à espérer que les chefs de l'Etat faisant partie de la classe des riches poussent la bonté d'âme jusqu'à se charger, eux et leurs pareils, en vue d'apporter quelques soulagements à la pauvreté. Mais il répond aussitôt qu'il faut rejeter de pareilles idées, car « si dans chaque nation, ceux à qui le souverain commet le gouvernement des peuples en étaient les ennemis par état, ce ne serait pas la peine de rechercher ce qu'ils doivent faire pour les rendre heureux. »

Pourtant dans ce même article sur l'*Economie*

---

(1) *Economie politique*, p. 68.

politique où se trouve cette phrase optimiste, Rousseau avait exprimé en termes très vifs sa défiance à l'égard des magistrats. « Les chefs, disait-il (1), outre l'intérêt de l'Etat, ont tous le leur particulier qui n'est pas le dernier écouté..... Loin que le chef ait un intérêt naturel au bonheur des particuliers, il ne lui est pas rare de chercher le sien dans leur misère. » Le gouvernement est à tout instant sur la pente du despotisme. « Comme la volonté particulière agit sans cesse contre la volonté générale, ainsi le gouvernement fait un effort continuel contre la souveraineté. Plus cet effort augmente, plus la constitution s'altère, et comme il n'y a point ici d'autre volonté de corps qui, résistant à celle du prince, fasse équilibre avec elle, il doit arriver tôt ou tard que le prince opprime enfin le souverain et rompe le traité social. C'est là le vice inhérent et inévitable qui, dès la naissance du corps politique, tend sans cesse à le détruire, de même que la vieillesse et la mort détruisent le corps de l'homme (2). »

Il est nécessaire, pour la pleine compréhension de ce texte, de connaître le sens spécial dans lequel Rousseau entend le terme *gouvernement*. Le gouvernement n'est pas pour lui l'exercice de

---

(1) *Economie politique*, p. 43 et 6.
(2) *Contrat social*, liv. III, ch. x.

la souveraineté. La souveraineté réside dans l'ensemble des citoyens; elle se confond avec la volonté du corps politique, dont l'expression impérative se trouve dans la loi. C'est le peuple souverain qui exerce le pouvoir législatif directement et par lui-même. Mais, ce faisant, il ne statue que sur l'utilité commune, parce que la volonté générale cesse d'être droite, dès qu'elle se propose pour fin un objet particulier (1). Le peuple se borne donc aux lois générales : la loi « considère les sujets en corps et les actions comme abstraites, jamais un homme comme individu, ni une action particulière » (2). Toute fonction qui se rapporte à un objet individuel ne ressort pas à la puissance législative. Telle entre autres l'exécution des lois. Pour réduire la loi en actes et en décisions particulières, un organe différent du souverain devient

---

(1) *Contrat social*, liv. I, ch. VII. « Le souverain n'étant formé que des particuliers qui le composent, n'a ni ne peut avoir d'intérêt contraire au leur; par conséquent, la puissance souveraine n'a nul besoin de garant envers les sujets, parce qu'il est impossible que le corps veuille nuire à tous ses membres. » D'autre part, comme il ne peut prononcer sur un objet particulier, il en résulte que « le souverain, par cela seul qu'il est, est toujours ce qu'il doit être. » — *Lettres écrites de la Montagne*, partie II, lettre IX, p. 520. « Il n'est pas plus dans la volonté générale de nuire à tous que dans la volonté particulière de nuire à soi-même. »

(2) *Contrat social*, liv. II, ch. VI.

nécessaire. Il faut établir une liaison entre le corps des citoyens et chaque membre de la cité. Le gouvernement sert précisément d'intermédiaire. Recevant ses droits du souverain par une délégation temporaire toujours révocable (1), il s'identifie avec le pouvoir exécutif, et son rôle consiste à « mettre en œuvre la force publique selon les directions de la volonté générale. » — « Le gouvernement, dit Rousseau, n'est qu'une commission, un emploi, dans lequel de simples officiers du souverain exercent en son nom le pouvoir dont il les a fait dépositaires, et qu'il peut limiter, modifier et reprendre quand il lui plaît.... Le gouvernement reçoit du souverain les ordres qu'il donne au peuple (2). »

Comme conséquence de cette fonction subordonnée, le gouvernement ne doit point avoir de volonté propre (3) ; sa volonté dominante doit se modeler en tout sur la volonté générale qui est la loi. « Sa force, dit Rousseau, n'est que la force publique concentrée en lui : sitôt qu'il veut tirer de

---

(1) *Contrat social*, liv. III, ch. XVIII.

(2) *Contrat social*, liv. III, ch. I.

(3 *Economie politique*, p. 8. « Le magistrat ne doit suivre d'autre règle que la raison publique, qui est la loi... Sa raison même lui doit être suspecte... Il doit être retenu par la plus sublime vertu... Depuis l'existence du monde, la sagesse a fait bien peu de bons magistrats. »

lui-même quelque acte absolu et indépendant, la liaison du tout commence à se relâcher. S'il arrivait enfin que le prince eût une volonté particulière plus active que celle du souverain, et qu'il usât, pour obéir à cette volonté particulière, de la force publique qui est dans ses mains, en sorte qu'on eût, pour ainsi dire, deux souverains, l'un de droit et l'autre de fait, à l'instant l'union sociale s'évanouirait et le corps politique serait dissous (1) ».
Il convient donc, pour assurer la conservation du pacte social, que le gouvernement se cantonne dans le rôle qui lui est confié, sans chercher à en sortir. Il faut qu'il assure l'exacte application des lois et par lui-même et par ceux qu'il a sous sa puissance. Car c'est à cette condition seulement que la liberté se maintiendra, cette liberté dont Rousseau dit qu'elle consiste à obéir exclusivement aux lois, et non pas aux hommes (2).

Mais, et c'est ici que le problème se complique, le gouvernement remplit rarement sa fonction avec

(1) *Contrat social,* liv. III, ch i. — *Origine de l'inégalité*, p. 91.

(2) *Lettres écrites de la montagne*, Partie II, lettre viii. « Il n'y a pas de liberté sans lois, ni où quelqu'un est au-dessus des lois : dans l'état même de nature, l'homme n'est libre qu'à la faveur de la loi naturelle qui commande à tous. Un peuple libre obéit, mais il ne sert pas : il a des chefs et non pas des maîtres ; il obéit aux lois, mais il n'obéit qu'aux lois, et c'est par la force des lois qu'il n'obéit pas aux hommes. »

rectitude. Loin d'utiliser le pouvoir qui lui est confié, en vue d'assurer la soumission de tous à la loi, il s'en sert au contraire presque toujours pour se mettre lui-même au-dessus des lois. Son intérêt propre le pousse à la domination, à la tyrannie ; presque fatalement, il arrive à entrer en lutte avec la volonté générale qui exigerait de sa part la plus complète soumission (1). En réalité, le gouvernement constitue le plus dangereux ennemi de l'Etat. S'il faut craindre la puissance des riches particuliers qui trouvent dans leur fortune le moyen d'éluder la loi, de corrompre citoyens et magistrats, à plus forte raison doit-on redouter la force des chefs qui, dépositaires de l'autorité publique, peuvent, sous couleur de servir l'intérêt de tous, travailler en réalité à l'assouvissement de leurs passions.

Cette idée que le gouvernement est l'ennemi-né du pouvoir législatif, Rousseau en trouvait la confirmation dans le spectacle des monarchies européennes soumises alors presque toutes au régime de l'absolutisme, et aussi dans l'exemple de la

---

(1) *Que l'etat de guerre naît de l'état social.* « Celui qui n'a rien désire peu de chose, celui qui ne commande à personne a peu d'ambition: mais le superflu éveille la convoitise: plus on obtient, plus on désire. Celui qui a beaucoup, veut tout avoir et la folie de la monarchie universelle n'a jamais tourmenté que le cœur d'un grand roi. »

constitution de Genève, qui avait été déviée de son principe par l'usurpation des magistrats. N'oublions pas, en effet, que Rousseau a beaucoup tourné les yeux vers sa ville natale. Il y a dans ses œuvres un fréquent, sinon un perpétuel rappel de ce côté (1). Qu'il ait ou non, comme on l'a prétendu, emprunté la source première de ses idées aux lointaines origines de la constitution genevoise (2), en tout cas la conformité de ses vues

(1) *Discours sur l'origine de l'inégalité.* Dédicace. - *Economie politique*, p. 48. « Pour exposer ici le système économique d'un bon gouvernement, j'ai souvent tourné les yeux sur celui de cette république (Genève) ; heureux de trouver ainsi dans ma patrie l'exemple de la sagesse et du bonheur que je voudrais voir régner dans tous les pays. » — *Lettre à d'Alembert.* — *Lettres écrites de la montagne.* — *Correspondance*, lettres LXXV, XC, CCXXXVII, etc., etc.

(2) La charte de 1387, promulguée par l'évêque Adémar Fabri. V. les mémoires de M. Jules Vuy sur *les origines des idées politiques de Jean-Jacques Rousseau*, Genève, *Bulletin de l'Institut*, tomes XXIII, XXIV, XXV, 1878-1881, et le rapport de M. Nourrisson à l'*Académie des sciences morales*, avril-mai 1882. — Rousseau lui-même, dans la 8ᵉ des *Lettres écrites de la montagne* s'appuie sur l'acte d'Adémar Fabri, et dans la lettre VI, déclare avoir pris la constitution de Genève, « qu'il trouvait belle, » pour modèle de ses institutions politiques, et avoir seulement indiqué les moyens qu'il fallait prendre pour la maintenir dans sa pureté primitive. V. également les textes inédits de Jean-Jacques Rousseau publiés par M. Vuy dans la *Revue suisse*, en 1861. Tout cela n'établit pas que Rousseau ait eu connaissance de la charte de 1387 avant que les *Lettres écrites de la campagne*, du pro-

avec la situation physique, politique et morale de la petite république contribuait à ramener souvent sa pensée vers une ville où il put espérer un moment rentrer en réformateur et en légiste. Or, en quoi se résume l'histoire intérieure de Genève du XVIe au XVIIIe siècle, sinon dans l'empiètement graduel, continu des riches, des aristocrates et des conseils sur les droits des citoyens, du peuple, du souverain. Sous une forme en apparence démocratique, le gouvernement, à l'époque de Rousseau, n'était en réalité qu'une étroite oligarchie, où quelques familles patriciennes exerçaient de père en fils les charges les plus importantes de l'Etat. Les citoyens ne possédaient que des droits politiques insignifiants, et si le gouvernement se montrait en général paternel, les magistrats ne reculaient pas devant les abus d'autorité et la violation des lois quand il s'agissait d'assurer la conservation de leur pouvoir (1).

cureur Tronchin, ne lui en aient révélé l'existence, et ce sont peut-être seulement les besoins de sa défense qui l'ont amené à poser la question sur le terrain historique.

(1) Dans un ouvrage inspiré des idées de Rousseau, le *Tableau historique et politique des révolutions de Genève dans le dix-huitième siècle*, Genève, 1782, Dédicace, p. 8, d'Ivernois expose que « les divisions ont à Genève leur source dans l'ambition des administrateurs, dans les atteintes multipliées qu'a reçu la liberté individuelle, et dans l'impuissance où se sont trouvés les citoyens d'arrêter la viola-

On comprend dès lors que Rousseau ait porté toute son attention du côté du pouvoir exécutif. Autant il s'est peu inquiété de l'omnipotence du

tion des lois au dedans et l'effet des intrigues au dehors ». — Rousseau, *Lettres écrites de la montagne*, Partie II, lettre VII, p. 395. « Vos magistrats ont travaillé dans tous les temps et sans relâche à faire passer le pouvoir suprême du conseil général au petit conseil par la gradation des Deux-cents. » — *Ibidem*, p. 391 s. « Le corps chargé de l'exécution de vos lois en est l'interprète et l'arbitre suprême; il les fait parler comme il lui plaît, il peut les faire taire; il peut même les violer sans que vous puissiez y mettre ordre; il est au-dessus des lois. Les chefs que vous élisez ont, indépendamment de votre choix, d'autres pouvoirs qu'ils ne tiennent pas de vous, et qu'ils étendent aux dépens de ceux qu'ils en tiennent. Limités dans vos élections à un petit nombre d'hommes, tous dans les mêmes principes et tous animés du même intérêt, vous faites avec un grand appareil un choix de peu d'importance. Ce qui importerait dans cette affaire serait de pouvoir rejeter tous ceux entre lesquels on vous force de choisir. Dans une élection libre en apparence, vous êtes si gênés de toutes parts que vous ne pouvez pas même élire un premier syndic ni un syndic de la garde : le chef de la république et le commandant de la place ne sont pas à votre choix... En conseil général, votre souveraine puissance est enchaînée : vous ne pouvez agir que quand il plait à vos magistrats, ni parler que quand ils vous interrogent. S'ils veulent même ne point assembler de conseil général, votre autorité, votre existence est anéantie, sans que vous puissiez leur opposer que de vains murmures qu'ils sont en possession de mépriser... Quatre heures par an souverains subordonnés, vous êtes sujets le reste de la vie, et livrés sans réserve à la discrétion d'autrui. » — Ce n'est qu'en 1792, après les essais infructueux de 1707, 1728, 1762, et 1782, que

souverain (1), autant il a cherché à prévenir les usurpations des magistrats. Nombreux sont les moyens qu'il indique pour maintenir les ministres de la loi dans leur devoir : leur élection par le souverain pour un temps étroitement limité (2), un droit perpétuel de surveillance et de contrôle sur leurs actes (3), leur révocation toujours possible, le partage des pouvoirs entre plusieurs corps qui divisent l'autorité et s'opposent réciproquement aux usurpations les uns des autres (4),

le peuple de Genève triompha définitivement de l'aristocratie.

(1) Les seules limites que Rousseau lui pose consistent à ne se prononcer que sur des matières d'intérêt général, et à ne se réunir qu'à des époques fixes en dehors des convocations extraordinaires des magistrats.

(2) Si le gouvernement est monarchique, le roi lui-même doit être élu, quoique alors il le soit à vie. La transmission du pouvoir royal dans une même famille est un encouragement aux usurpations de la souveraineté. « Quelques précautions qu'on puisse entasser, hérédité dans le trône et liberté seront à jamais des choses incompatibles. » (*Gouvernement de Pologne*, ch. VIII, p. 379.)

(3) *Gouvernement de Pologne*, ch. VII, p. 366.

(4) Selon Rousseau, il existe un rapport mathématique entre l'étendue de l'Etat et la force du gouvernement. Le gouvernement doit être relativement d'autant plus fort que le peuple est plus nombreux, parce que moins les volontés particulières se rapportent à la volonté générale, plus la force réprimante de l'Etat doit augmenter (*C. soc.*, III, I). Or

enfin tout un système de récompenses graduées qui favorise le zèle et la fidélité des agents de la nation en les faisant monter successivement de charge en charge jusqu'aux plus hautes magistratures de l'Etat (1). Inversement le pouvoir législatif doit être soustrait le plus possible à l'action du gouvernement. Il faut des réunions à date fixe; pas de convocations préalables. Les pouvoirs des magistrats disparaissent dès que le

la force du gouvernement est en rapport inverse avec le nombre des magistrats (*C. soc.*, III, II). C'est quand il est concentré entre les mains d'un seul que le gouvernement acquiert son maximum de vigueur. Il en résulte que la monarchie est le gouvernement qui convient aux grands Etats (*C. soc.*, III VI). On s'explique par là l'antipathie de Rousseau pour les pays trop étendus et trop peuplés : nécessitant l'emploi du régime monarchique, ils donnent au gouvernement une force excessive qui aboutit tôt ou tard à ruiner l'autorité du souverain. La tentation est d'autant plus grande pour le prince d'établir sa toute-puissance exclusive, que le pouvoir dont il dispose est plus fort et que plus faibles sont les obstacles qu'on peut lui opposer (impossibilité de l'exercice direct du pouvoir législatif par le peuple). Qu'on ajoute à cela l'hérédité de la couronne, qui contribue à développer l'ambition du prince, et permet aux descendants de profiter des usurpations de leurs pères, et l'on comprendra que sous ce régime le gouvernement ne tarde pas à dégénérer en despotisme. Rousseau développe les avantages de la royauté élective dans le *Gouvernement de Pologne*, ch. VIII, p. 379.

(1) *Ibidem*, ch. XIII.

peuple est assemblé (1). Point de représentants qu'on puisse corrompre, ou, si l'étendue du pays rend impossible l'assemblée générale des citoyens, l'usage du mandat impératif, la fréquence des législateurs rendant la séduction des députés plus coûteuse et plus difficile (2). Tout cela n'est pas assez. Rousseau veut couper le mal dans sa racine. Si le peuple en corps est incorruptible, si la volonté générale est toujours droite, « le jugement qui la guide n'est pas toujours éclairé. De lui-même, le peuple veut toujours le bien, mais de lui-même, il ne le voit pas toujours (3). » On peut le tromper sur ses véritables intérêts, et c'est une manière de séduction plus redoutable que l'autre, que celle qui s'emploie à égarer sa parfaite bonne foi, à détourner vers des fins particulières sa volonté tendue vers l'utilité générale d'un effort aveugle et ignorant. On peut dire que la plus grande crainte de Rousseau a été de voir le gouvernement abuser de cette ignorance. Pourquoi ne susciterait-il pas au peuple de faux amis qui le trompent, des orateurs perfides qui le poussent sans en avoir l'air sur le chemin de la servitude ? En semant la discorde au milieu des citoyens, en

---

(1) *Contrat social*, liv. III, ch. xiv.

(2) *Gouvernement de Pologne*, ch. VII, p. 367.

(3) *Contra social*, liv. II, ch. vi.

fomentant parmi eux la lutte de mille intérêts divergents, le gouvernement ne peut-il affaiblir la force du corps politique, qui réside avant tout dans son homogénéité et dans son union ? Ne peut-il, une fois créées les divisions des partis, armer les unes contre les autres la foule des passions ennemies, et réaliser enfin, à la faveur des troubles et des guerres civiles, l'avènement d'un régime de crainte et de tyrannie ? (1)

Mais ces entreprises du gouvernement supposent l'emploi d'un moyen matériel avec lequel on séduit les législateurs ou l'on achète les conseillers du peuple. L'argent est le grand instrument de domination, parce qu'une fois son empire établi sur les cœurs, rien ne lui résiste. C'est avec lui qu'on se fait des partisans et des créatures, avec lui qu'on engendre les troubles et que l'on nourrit les dissensions. L'illogisme serait dangereux qui condamnerait la richesse des particuliers et mettrait à la disposition des magistrats un trésor public. Comme il n'y a aucun moyen parfaitement sûr d'assurer la gestion fidèle non plus que le contrôle efficace des deniers publics, on peut toujours craindre que le gouvernement ne dé-

---

(1) C'est de cette façon déjà que les chefs de peuples sont parvenus à exercer leur pouvoir despotiquement. V. *Discours sur l'Origine de l'Inégalité*, 2ᵉ partie, p. 91.

tourne de leur destination légale les fonds qu'il a sous la main, et ne les emploie dans un but directement contraire au bien général de la cité. C'est pourquoi Rousseau, dans le *Gouvernement de Pologne* (1), propose aux confédérés de supprimer toute taxe en argent. Au fond, l'argent n'est que le substitut des hommes, et c'est un substitut dangereux. Mieux vaut s'adresser aux bras des citoyens qu'à leur bourse. « Je voudrais qu'on imposât toujours les bras des hommes plus que leurs bourses; que les chemins, les ponts, les édifices publics, le service du prince et de l'Etat, se fissent par des corvées et non point à prix d'argent. Cette sorte d'impôt est au fond la moins onéreuse, et surtout celle dont on peut le moins abuser : car l'argent disparaît en sortant des mains qui le payent; mais chacun voit à quoi les hommes sont employés, et l'on ne peut les surcharger à pure perte. Je sais que cette méthode est impraticable où règnent le luxe, le commerce et les arts; mais rien n'est si facile chez un peuple simple et de bonnes mœurs, et rien n'est plus utile pour les conserver telles : c'est une raison de plus pour la préférer. »

Voilà un des textes les plus étonnants de Rousseau. Ce qu'il demande, c'est la généralisation

---

(1) Chapitre XI, p. 394.

d'une charge qui, à l'époque où ces lignes sont écrites, soulève contre elle la réprobation générale, dont tous les économistes réclament à grands cris la disparition. Mais, pour comprendre la force du paradoxe de Rousseau, peut-être est-il nécessaire de s'arrêter un instant sur cette forme d'imposition.

Jusqu'à la fin du XVIIe siècle, la corvée consistait dans les services que la plupart des seigneurs exigeaient de leurs vassaux, serfs et roturiers, pour la culture de leurs terres ou l'entretien de leurs chemins. Elle se rattachait aux *munera corporalia* de l'Empire romain. Avant Louis XV, la royauté n'y avait recouru qu'exceptionnellement, en cas de travaux publics urgents. Une instruction du contrôleur général Orry, du 13 juin 1738, généralisa cet expédient. La corvée royale servit dès lors à construire les grandes routes destinées à mettre en communication Paris et les provinces. Elle pesait en principe sur les taillables valides, de l'âge de seize ans jusqu'à celui de soixante, compris dans les paroisses situées à quatre heures de distance de la route (1). Le travail des femmes

---

(1) Cependant on appelait aussi corvée la réquisition des animaux et des voitures pour le transport des équipages militaires. Elle donnait lieu aussi à de grands abus. Turgot, en Limousin, suivant l'exemple de ce qui se pratiquait en

et des enfants fut admis sans être imposé, en vue de soulager le père de famille. La durée de la corvée variait de huit à quarante, et même cinquante jours. Mais le pouvoir des intendants en cette matière, comme au reste pour l'éloignement des paroisses corvéables, ne tarda pas à devenir arbitraire. Le poids de la corvée retombait exclusivement sur les paysans déjà soumis à la taille. Les privilégiés et leurs domestiques en étaient exempts. Il y avait entre les paroisses de nombreuses inégalités. Quoiqu'il existât des corvées périodiques d'automne et de printemps, le plus souvent la charge surprenait le cultivateur à l'improviste. L'éloignement des corvéables du lieu de leur résidence, l'impossibilité de subvenir aux besoins de leur famille, l'interruption de leurs occupations habituelles, le trouble apporté dans leurs travaux faisaient de l'institution de la corvée un des abus les plus iniques de l'Ancien Régime (1).

Languedoc et en Franche-Comté, traita avec des entrepreneurs pour l'exécution de ce service.

(1) V. aussi le *Mémoire de l'intendant de Champagne à Turgot, sur l'abolition des corvées* (1775), où il signale les faits suivants : « disproportion dans la distribution des tâches confiées à une multitude d'employés subalternes, argent reçu par les piqueurs pour favoriser des habitants au préjudice des autres, impossibilité d'en avoir la preuve, mécontentement des convoyeurs, humeur de ceux qui conduisent, faux

Encore si ces inconvénients avaient été balancés par des avantages. Mais le travail, mal réparti, mal exécuté, coûtait plus cher que s'il avait été fait par des hommes libres et salariés; les routes construites de façon défectueuse exigeaient de continuelles réparations, toujours importantes parce qu'on ne les faisait pas en temps utile.

Dès 1760, dans sa *Réponse à l'Essai sur les ponts et chaussées, la voirie et les corvées*, le marquis de Mirabeau dirigeait les plus vives attaques contre une charge qui avait à ses yeux le vice capital de peser exclusivement sur la classe des cultivateurs. On se souvient de ses expressives formules : la corvée, « cette gêne ruineuse et insupportable pour le pauvre peuple, et si destructive pour la culture des terres et les revenus du Royaume » (p. 25). — Employer les agriculteurs aux « stériles travaux des chemins », c'est vouloir « ruiner la Nation » et « rendre les habitants des campagnes les forçats de la voirie » (p. 44). —

dénombrement donné par les syndics, peu d'exactitude de la part des inspecteurs qui ne se trouvent point souvent sur les routes quand les communautés y arrivent, temps perdu en déplacement et frais de voyage, inconvénients de détourner les habitants de leurs travaux dans des temps précieux ; tous abus enfin de la plus dangereuse conséquence, puisqu'ils tendent ou à punir injustement, ou à faire perdre un temps précieux au laboureur pour la culture de ses terres, et au manouvrier pour le soutien de sa famille. »

« Ma prophétie à moi est que, si l'on continue à exercer les corvées dans le Royaume, on ne fera qu'un vaste cimetière de tout le territoire de l'Etat » (p. 62). Mirabeau conseillait donc de recourir au travail des troupes (1), ou d'autoriser les communautés intéressées à donner les travaux à l'entreprise (2).

(1) L'abbé de Saint-Pierre avait déjà proposé de recourir à la main-d'œuvre militaire. « Les travaux doivent se faire par l'Infanterie aux dépens de la Généralité.... Les Soldats et les Officiers gagneront à faire un travail utile à la Province, et la Province gagnera la moitié à se servir de l'Infanterie. » V. le *Projet pour rendre les chemins praticables en hiver*, p. 25-6, dans le tome IV des *Ouvrages de politique*, par M. l'abbé de Saint-Pierre. Rotterdam, 1733.

(2) Mirabeau développait en ces termes ses critiques contre la corvée. « C'est la demande faite aux habitants de la campagne de leur travail et de celui de leurs bestiaux et de leurs voitures pour être employés sur les chemins gratuitement, et sans salaire, ni subsistance quelconque. Renversement d'abord de l'ordre de la nature, qui veut que ces hommes subsistent ce jour-là comme les autres jours, et subsistent de leur travail. C'est un assujettissement du temps et de la liberté des gens de la campagne, c'est-à-dire des précieux artisans de la subsistance générale, à un ordre d'hommes qui nécessairement ne peuvent ni concevoir l'importance de leur action, ni diriger l'emploi de leur temps, ni connaître leur nécessaire et leur superflu : renversement de l'ordre de la société, qui veut que le service du premier besoin soit assuré préalablement à tout autre, et qui veut aussi que l'artisan quelconque soit guidé par les experts de son art. C'est une contribution en nature, demandée en effet contre

Sucessivement Trudaine, directeur des ponts et chaussés, l'intendant Orceau de Fontette, dans la généralité de Caen, Turgot en Limousin, songèrent à réaliser la suppression des corvées. Trudaine cependant ne donna pas suite à ses idées, craignant que le gouvernement n'employât à un autre usage les revenus de l'imposition qui aurait été levée sur les chemins (1) Mais Orceau de Fon-

nature, puisqu'on demande le travail au lieu de demander le produit ; qu'on arrache la racine au lieu de cueillir le fruit, renversement d'êtres physiques. C'est enfin un tribut en sueur ajouté à un tribut en pécule ; infraction des conventions de la société et de l'ordre de la contribution équitable, qui ne peut être assignée que sur les revenus : puisque la distribution de la subsistance consiste dans la distribution même des revenus par les propriétaires des vraies richesses. Tous les autres hommes ne peuvent être contribuables par leurs travaux et par leurs services, qu'en s'assurant une rétribution C'est dans cette rétribution que consistent les frais. Or c'est par les frais que s'obtiennent le produit net et la jouissance du produit net de tous les biens publics et particuliers. Ainsi la rétribution ne peut être contribuable qu'en augmentant les frais et en diminuant le produit net ; car la contribution en travaux par le mercenaire sans rétribution serait nécessairement une destruction » — V. aussi les *Nouvelles éphémérides du citoyen*, année 1775, tome second, article de l'abbé Baudeau ; et Condorcet : *Sur l'abolition des corvées*. Œuvres, t. XI, p. 90

(1) De fait, en 1733, 1734, 1741, 1742, les fonds des ponts et chaussées furent détournés de leur destination. Et c'est peut-

tette offrit à ses administrés l'option entre la prestation en nature et une contribution pécuniaire proportionnelle à la taille, tandis que Turgot convertissait directement la corvée en argent et décidoit qu'à l'avenir les chemins seraient construits par des entrepreneurs, aux frais des provinces corvéables, avec répartition sur toutes les communautés, au marc la livre de la taille, des sommes nécessaires pour les travaux. Ce dernier système fut approuvé en Conseil d'Etat, le 1er janvier 1766.

Dix ans plus tard, Turgot, alors contrôleur général des finances, proposait au roi la suppression générale des corvées et leur remplacement par une taxe additionnelle aux vingtièmes. « Votre Majesté, disait-il, paraît depuis longtemps convaincue de la nécessité de supprimer la corvée : j'ose affirmer d'après l'expérience des maux que cette charge a faits, dans la province que j'ai administrée, qu'il n'en est pas d'aussi cruel pour le peuple (1). » Un édit de février réalisa la réforme.

être la crainte de ces détournements jointe à son désir de voir achevées les voies de transport qui amena Orry à préférer la corvée à la taxe en argent.

(1) C'est en réponse au mémoire sur le projet d'édit que Louis XVI écrivait à Turgot : « Vous dites bien sagement que l'homme qui travaille par force et sans rémunération, travaille mal. Ces considérations sont de toute évidence, et

Mais devant la résistance du Parlement qui dans ses remontrances rappela l'axiôme : « Le noble n'est tenu de payer la taille, ni de faire vile corvée, » M. de Clugny, après la chûte de Turgot, rétablit la prestation en nature par déclaration du 11 août 1776. La suppression définitive des corvées ne devait être réalisée que par l'édit du 17 juin 1787, rendu après un vote unanime de l'assemblée des notables. (1)

Ce bref historique montre à quel point Rousseau se trouve en désaccord avec tout son siècle. Non-seulement il est seul à approuver l'emploi des corvées, mais il voudrait en faire la forme d'imposition unique, idéale. Cette manière de voir peut surprendre ; rien de plus explicable cependant. Elle est l'aboutissant logique, forcé d'un système très cohérent dans ses parties, et dont nous avons suivi pas à pas les rigoureuses déductions.

Reprenant en effet la conception de l'Etat an-

---

je m'afflige qu'un édit si bien fondé ait soulevé tant d'opposition ou de défiance, avant même que d'être connu ; mais il y a tant d'intérêts particuliers qui sont opposés à l'intérêt général ; plus j'y pense et plus je me répète qu'il n'y a que vous et moi qui aimions réellement le peuple. »

(1) Clamageran, *Histoire de l'impôt en France*, Paris, 1867-76, t. III. — A Neymarck, *Turgot et ses doctrines*, 1885, t. I, p. 78 et suiv. — Stourm, *Les finances de l'ancien Régime et de la Révolution*, 1885, t. I. p. 221 et suiv.

tique, Rousseau a toujours affirmé la prédominances des affaires publiques sur les affaires personnelles des particuliers. Il a cru ne pouvoir maintenir unis la foule des intérêts individuels qu'à la condition de les concentrer, de les absorber, de les fondre dans un intérêt supérieur, celui de la communauté générale, de l'association civile, de l'Etat.

Les physiocrates pensaient qu'il existe un *ordre naturel* (1) en vertu duquel chacun agissant dans son intérêt exclusif contribue nécessairement au bonheur de tous. Rousseau n'a pas le sentiment des harmonies naturelles de l'ordre social. Le moindre mobile égoïste lui semble suspect. Dans son désir de voir la patrie grande et forte, il sacrifie au même rêve d'unité morale que Platon (2), et s'efforce de développer dans les âmes, à l'exclusion d'autres sentiments, l'amour de la république et la religion de la cité. Mais sur quoi se fonde dans sa doctrine le sacrifice complet de soi-même qu'il demande au citoyen? Sur cette idée que l'individu ne s'appartient pas, qu'il est la propriété du groupe social. Selon Rousseau, en effet, l'homme doit à la société deux choses : son existence physique d'abord, puisque, sans le secours de ses

(1) Mercier de la Rivière, *De l'ordre naturel et essentiel des sociétés politiques*, Londres, 1767

(2) *Lois*, 739, C, D.

semblables, il serait à tout instant dans l'impuissance de satisfaire ses besoins de nutrition, exposé à voir finir dans les souffrances sa vie misérable et précaire. Car la société n'a pas d'autre cause que l'impossibilité où se trouvent les hommes isolés dans l'état de nature de triompher des obstacles que leur oppose le monde extérieur (1). Ce premier avantage n'est cependant pas le principal. La subsistance de la vie physique compte pour peu de chose à côté du moi spirituel que l'association fait éclore. L'homme isolé n'est qu'un cerveau brut. Avant la naissance de la société l'homme proprement dit n'existe pas ; on ne rencontre qu'un anthropoïde. Ce qu'il y a de supra-animal en nous a vu le jour par l'effet du rapprochement des êtres humains. C'est à dater de ce moment que l'homme s'est approfondi, renouvelé, transfiguré. Les sensations grossières et confuses ont fait place aux premières idées générales ; des essais de langage ont été tentés (2). Lentement, graduellement,

---

(1) *Contrat Social*, liv. I, ch. vi. — *Manuscrit de Genève*, liv. I, ch. ii, in principio. L'impossibilité dont parle Rousseau est due, selon lui, à un accroissement subit de besoins qui rompt l'équilibre primitif établi par une nature sage et maternelle. Mais cet accroissement de besoins est inexpliqué, et en effet, puisque l'homme se trouvait alors parfaitement heureux, inexplicable.

(2) *Origine de l'inégalité*, première partie.

par les efforts de générations innombrables, s'est créé le capital intellectuel dont nous disposons, le trésor infiniment riche du sentiment et de la pensée. En même temps, l'homme s'affranchissait de l'esclavage des impulsions physiques. Jusqu'alors soumis à la loi naturelle, le voici qui s'élève maintenant à la connaissance de la loi morale. Il écoute la voix du devoir lui parler par la conscience (1). Il conçoit l'existence de droits et d'obligations réciproques l'unissant à ses associés. L'idée de justice préside au pacte social, et dans la société construite sur ses vrais principes, l'homme possède des biens délicieux dont il n'aurait jamais joui dans le simple état de nature : la famille, la propriété, la sécurité, la vertu, la paix (2).

(1) *Émile*, liv. IV, profession de foi du Vicaire savoyard : « Conscience ! conscience ! instinct divin, immortelle et céleste voix, guide assuré d'un être ignorant et borné, mais intelligent et libre ; juge infaillible du bien et du mal .. » On sait que Kant doit à Rousseau la notion du « fait moral, » point de départ de la philosophie de l'action, ainsi que la haute inspiration de sa doctrine, et un retour aux idées religieuses qu'il avait contractées dans sa jeunesse sous l'influence de ses parents et de ses maîtres piétistes, Schulz et Knutzen. V. la note 16 de F. Picavet, dans sa traduction de la *Critique de la Raison pratique* et les *Études d'histoire de la philosophie*, de E. Boutroux, 1897, p. 323.

(2) *Contrat social*, liv. I, ch. VIII. « Le passage de l'état de nature à l'état civil produit dans l'homme un changement

Si tels sont les avantages que l'individu retire de l'association politique, s'il n'est lui-même, corps et âme, qu'un produit de cette association, on

très remarquable, en substituant dans sa conduite la justice à l'instinct, et donnant à ses actions la moralité qui leur manquait auparavant. C'est alors seulement que, la voix du devoir succédant à l'impulsion physique, et le droit à l'appétit, l'homme, qui jusque-là n'avait regardé que lui-même, se voit forcé d'agir sur d'autres principes, et de consulter sa raison avant d'écouter ses penchants. Quoiqu'il se prive dans cet état de plusieurs avantages qu'il tient de la nature, il en regagne de si grands, ses facultés s'exercent et se développent, ses idées s'étendent, ses sentiments s'ennoblissent, son âme tout entière s'élève à tel point que, si les abus de cette nouvelle condition ne le dégradaient souvent au-dessous de celle dont il est sorti, il devrait bénir sans cesse l'instant heureux qui l'en arracha pour jamais, et qui, d'un animal stupide et borné, fit un être intelligent et un homme. » — *Manuscrit de Genève*, liv. I, ch. II. « Cette parfaite indépendance et cette liberté sans règle, fût-elle même demeurée jointe à l'antique innocence, aurait eu toujours un vice essentiel et nuisible au progrès de nos plus excellentes facultés, savoir le défaut de cette liaison des parties qui constitue le tout. La terre serait couverte d'hommes, entre lesquels il n'y aurait presque aucune communication : nous nous toucherions par quelques points, sans être unis par aucun ; chacun resterait isolé parmi les autres, chacun ne songerait qu'à soi ; notre entendement ne saurait se développer, nous vivrions sans rien sentir, nous mourrions sans avoir vécu ; tout notre bonheur consisterait à ne pas connaître notre misère ; il n'y aurait ni bonté dans nos cœurs, ni moralité dans nos actions, et nous n'aurions jamais goûté le plus délicieux sentiment de l'âme, qui est l'amour de la vertu. » — On voit combien sont flottantes et difficiles à

comprend de quels sentiments de reconnaissance
et de vénération, il doit honorer ce qui personnifie
la société et la maintient, l'Etat. L'Etat doit être

démêler les idées de Rousseau qui tantôt regarde l'homme
de la nature comme supérieur à l'homme civil, et tantôt
reconnaît que l'homme civil est plus heureux que l'homme
de la nature. Cependant, ces deux thèses ne sont pas irréductibles. La vie de nature vaut mieux que la vie de société,
lorsque la société est dégradée et corrompue, comme en
France au XVIIIe siècle. Mais la vie de société vaut mieux que
l'état de nature, lorsqu'elle s'exerce conformément au plan
dressé par la nature, c'est à-dire aux règles imaginées par
Rousseau. On peut donc dire que Rousseau est partisan, tout
comme un autre, du progrès, Il croit que l'humanité s'est
dégagée lentement, graduellement, de l'animalité primitive ;
dans le *Discours sur l'origine de l'inégalité* (voir aussi les
notes), il devance Darwin, en exposant les théories de la
transformation des espèces, de la concurrence vitale, de la
sélection naturelle, etc., ce qui du reste n'a rien d'étonnant
pour un homme qui a lu Buffon (la *Théorie de la terre* et
l'*Histoire naturelle de l'homme* de Buffon paraissent en 1749.
Darwin descend de Buffon par Lamark. V. de Quatrefages,
Darwin et ses précurseurs français, 1870). Bref, Rousseau est
évolutionniste. Qu'est-ce donc qui le sépare de Turgot, de
Condorcet, de Lessing, de Herder, et de tous les autres
champions du progrès indéfini ? C'est précisément qu'il croit
que le progrès doit avoir une fin, qu'au-delà d'une certaine
limite, il n'y a plus progrès, mais regrès, dissolution, non
évolution. A ce point de vue la conception de Rousseau est
purement statique. Il n'a pas conscience des débuts difficiles
de l'humanité, mis en lumière par la science moderne, mais
entrevus déjà par Lucrèce. (*De nat. rerum,* V, 922-1025.)
Rousseau regarde la nature comme une bonne mère qui nous
fournit libéralement tout ce qui nous est nécessaire. Nous

le souci constant du citoyen. Il doit mettre les affaires de l'Etat avant les siennes propres. Il ne doit plus vivre d'une existence complète et indépendante, comme l'être sauvage et isolé dans l'état de nature. Le bon citoyen est fonction du moi social, il ne souffre, il ne jouit qu'avec et par ses concitoyens, il n'est désormais sensible que dans le tout (1). Car c'est dans le tout que réside la

n'avons qu'à nous contenter de ce qu'elle nous donne, qu'à ne pas accroître nos besoins, qu'à ne pas nous compliquer inutilement, et nous sommes certains d'être heureux. Envisagée sous cette idée de la bonté de la nature, l'œuvre de Jean-Jacques Rousseau présente un caractère frappant d'unité, puisqu'il en résulte également, et la condamnation de la science (à quoi sert la science si nous trouvons la loi de notre conduite en nous-même, et si nous n'avons pas à nous affranchir des fatalités naturelles ?), et la condamnation du luxe, des arts, des richesses, de tout ce qui artificialise les hommes, et le système de l'éducation négative, et la doctrine de la religion naturelle, etc., et spécialement en ce qui concerne notre sujet, la préférence donnée aux corvées, — évidemment le moyen le plus simple et le plus direct de subvenir aux besoins de la société, — et la nécessité de la toute-puissance de l'Etat et de son intervention constante dans la vie des citoyens, pour empêcher qu'ils ne s'écartent des voies tracées par la nature, en dehors desquelles ils ne sauraient trouver la vertu ni le bonheur.

(1 *Emile*. liv. I, p 9. « L'homme naturel est tout pour lui ; il est l'unité numérique, l'entier absolu, qui n'a de rapport qu'à lui-même ou à son semblable. L'homme civil n'est qu'une unité fractionnaire qui tient au dénominateur, et dont la valeur est dans son rapport avec l'entier, qui est le

volonté générale, d'où procèdent, pour chaque membre de l'Etat, la sagesse, la vertu et le bonheur. Ainsi l'intérêt particulier se trouve transposé dans l intérêt général et identifié avec lui.

Les sentiments du bon citoyen, comme tous les sentiments forts, doivent se répercuter dans ses actes. S'il est véritablement attaché à la chose publique, il ne craindra donc pas le sacrifice de sa chose privée, chaque fois que le bien de l'Etat le nécessite. Au contraire, au poids de la charge courageusement supportée, se mesurent l'ardeur de l'amour et la force du dévouement. Si le sacrifice de la propriété est bon, celui de la liberté est préférable : il constitue un meilleur brevet de civisme. C'est pourquoi l'Etat doit recourir de

corps social. Les bonnes institutions sociales sont celles qui savent le mieux dénaturer l'homme, lui ôter son existence absolue pour lui en donner une relative, et transporter le *moi* dans l'unité commune, en sorte que chaque particulier ne se croie plus un, mais partie de l'unité, et ne soit plus sensible que dans le tout. Un citoyen de Rome n'était ni Caïus ni Lucius ; c'était un Romain... Celui qui, dans l'ordre civil, veut conserver la primauté des sentiments de la nature ne sait ce qu'il veut. Toujours en contradiction avec lui-même, toujours flottant entre ses penchants et ses devoirs, il ne sera jamais ni homme, ni citoyen ; il ne sera bon ni pour lui, ni pour les autres. Ce sera un de ces hommes de nos jours, un Français, un Anglais, un bourgeois, ce ne sera rien. » — V. aussi. *Contrat social,* liv. II, ch. VII.

préférence aux corvées qui exigent du citoyen le sacrifice temporaire de sa liberté. Rien ne démontre mieux la tiédeur des sentiments patriotiques que la substitution des taxes en argent aux prestations personnelles. Quand le citoyen ne veut plus fournir gratuitement à la société son temps et son travail, c'est que le souci de l'intérêt privé l'emporte sur l'amour du bien public : on donne alors de l'argent pour se racheter d'une charge qui empêche de vaquer à ses affaires ou à ses plaisirs.

On croit sans doute ainsi s'acquitter à peu de frais. Erreur. Quand les citoyens se désintéressent des affaires publiques, quand ils n'exercent plus sur la marche du gouvernement un contrôle serré de tous les instants, quand ils ne paient pas de leur personne encore plus que de leurs biens, c'est alors que les abus du gouvernement se produisent. L'argent détourné est employé à fausser la volonté générale; les besoins des administrateurs croissent sans cesse; les charges, chaque jour plus lourdes, deviennent ruineuses pour les citoyens; la liberté même finit par disparaître au milieu des troubles. « Sitôt que le service public cesse d'être la principale affaire des citoyens, et qu'ils aiment mieux servir de leur bourse que de leur personne, l'Etat est déjà prêt de sa ruine. Faut-il marcher au combat, ils paient des troupes et restent chez eux; faut-il aller au conseil, ils nomment des députés et restent chez eux. A force de paresse et d'argent, ils ont enfin des soldats pour asservir la patrie et des représentants pour la vendre. C'est le tracas du commerce et des arts, c'est l'avide intérêt du gain, c'est la mollesse et l'amour des commodités, qui changent les services personnels en argent. On cède une partie de son profit pour l'augmenter à son aise. Donnez de l'argent et bientôt vous aurez des fers. Ce mot de *finance* est un mot d'esclave, il est inconnu dans la cité. Dans un pays vraiment libre, les citoyens font tout avec leurs bras, et rien avec de l'argent; loin de payer pour s'exempter de leurs devoirs, ils payeraient pour les remplir eux-mêmes. Je suis bien loin des idées communes; je crois les corvées moins contraires à la liberté que les taxes (1). »

Ainsi dans l'Etat que nous propose le *Contrat social*, tout s'accomplit par le moyen de prestations personnelles. Les corvées répondent, dans le domaine du travail matériel, au service gratuit des magistrats et à l'exercice direct de la puissance législative par le peuple, dans la direction politique de la cité. Le service public passe en première ligne, avant les soins que réclament les intérêts particuliers. Il n'en allait pas différemment au

(1) *Contrat social*, liv. III, ch. xv.

beau temps des républiques antiques. Mais alors l'institution de l'esclavage permettait aux citoyens de consacrer tout leur temps aux affaires de la cité. Comment Rousseau concilie-t-il les nécessités de sa politique avec l'organisation des sociétés modernes qui force les citoyens à accomplir eux-mêmes les travaux de production?

Il faut l'avouer, Rousseau ne semble pas s'être inquiété beaucoup du problème (1). Et l'on comprend facilement pourquoi, en se rappelant qu'il réduisait le champ de l'activité économique à la satisfaction des besoins physiques essentiels de l'être humain. L'emploi des corvées lui semble au contraire un moyen facile et naturel de conserver dans la société cette « rustique simplicité » dont il fait la condition des bonnes mœurs et de la vertu. En pliant tous les citoyens à la règle du travail manuel, en les contraignant à des besognes incommodes et pénibles, en développant chez eux l'énergie musculaire et l'obéissance passive, l'Etat maintient dans le corps de la nation une saine discipline qui fortifie les corps et les âmes, réfrène

---

(1) Il remarque seulement que dans un Etat bien constitué « il y a beaucoup moins d'affaires privées, parce que la somme du bonheur commun fournissant une portion plus considérable à celui de chaque individu, il lui en reste moins à chercher dans les soins particuliers » *(C. soc.*, III, xv.). Ne croirait-on pas lire une phrase de Platon?

le luxe et la mollesse, et range sous le joug commun de l'égalité toutes les ambitions particulières et tous les orgueils.

En résumé, Rousseau a conçu son Etat modèle à la façon d'une Salente démocratique où tout serait disposé pour assurer le bonheur des citoyens au moyen du triomphe de la vertu (1). Cet idéal

---

(1) Les idées de Rousseau sur ce point ne sont que le commentaire de quelques maximes de Motesquieu. « La vertu politique est le ressort du gouvernement démocratique (*Esprit des lois,* III, III; IV, VII).... La vertu, dans une république, est une chose très simple : c'est l'amour de la république, c'est un sentiment, et non une suite de connaissances ; le dernier homme de l'Etat peut avoir ce sentiment, comme le premier. Quand le peuple a une fois de bonnes maximes, il s'y tient plus longtemps que ce que l'on appelle les honnêtes gens. Il est rare que la corruption commence par lui. Souvent il a tiré de la médiocrité de ses lumières un attachement plus fort pour ce qui est établi. -- L'amour de la patrie conduit à la bonté des mœurs, et la bonté des mœurs mène à l'amour de la patrie. Moins nous pensons satisfaire nos passions particulières, plus nous nous livrons aux générales (V, II)... A mesure que le luxe s'établit dans une république, l'esprit se tourne vers l'intérêt particulier. A des gens à qui il ne faut rien que le nécessaire, il ne reste à désirer que la gloire de la patrie et la sienne propre (VII, II).... L'amour de l'égalité, dans une démocratie, borne l'ambition au seul désir, au seul bonheur de rendre à sa patrie de plus grands services que les autres citoyens. Ils ne peuvent pas lui rendre tous des services égaux ; mais ils doivent tous également lui en rendre. En naissant, on contracte envers elle une dette immense dont on ne peut jamais s'acquitter. . L'amour de

est bien éloigné de celui de nos sociétés actuelles. Rien ne contraste plus avec les idées de Rousseau que les grandes républiques contemporaines, riches, industrielles, commerçantes. Il est vrai que Rousseau ne soupçonnait pas la révolution scientifique dont le XIXe siècle a été témoin. Mais en eût-il deviné l'importance que certainement il

la frugalité borne le désir d'avoir à l'attention que demande le nécessaire pour sa famille. ... Le bon sens et le bonheur des particuliers consiste beaucoup dans la médiocrité de leurs talents et de leurs fortunes. Une république où les lois auront formé beaucoup de gens médiocres, composée de gens sages, se gouvernera sagement; composée de gens heureux, elle sera très heureuse (V, III)... Pour que l'on aime l'égalité et la frugalité dans une république, il faut que les lois les y aient établies (V, IV).... Comme l'égalité des fortunes entretient la frugalité, la frugalité maintient l'égalité des fortunes. Ces choses, quoique différentes, sont telles qu'elles ne peuvent subsister l'une sans l'autre; chacune d'elles est la cause et l'effet : si l'une se retire de la démocratie, l'autre la suit toujours (V, VI). » Cependant Montesquieu, et c'est ce qu'on n'a pas assez remarqué, admet l'existence de démocraties fondées sur le commerce. « L'esprit de commerce entraîne avec soi celui de frugalité, d'économie, de modération, de travail, de sagesse, de tranquillité, d'ordre et de règle. Ainsi, tandis que cet esprit subsiste, les richesses qu'il produit n'ont aucun mauvais effet. Le mal arrive lorsque l'excès des richesses détruit cet esprit de commerce : on voit tout à coup naître les désordres de l'inégalité, qui ne s'étaient pas encore fait sentir » (V, VI.) Il y a donc, pour Montesquieu, deux sortes de républiques, les unes commerçantes, comme Athènes, les autres militaires, comme Lacédémone Rousseau n'admet que ces dernières.

l'aurait blâmée. Il eût fait voir que le développement inouï de la richesse, sur lequel on a fondé tant d'espérances pour le bonheur général, n'a servi jusqu'ici qu'à rendre l'inégalité des conditions plus sensible et plus criante; que la fortune des classes propriétaires et capitalistes s'est accrue dans des proportions exorbitantes relativement aux progrès réalisés dans la condition des travailleurs; que l'institution du salariat est une nouvellle forme de l'esclavage; que les machines, loin d'apporter quelque soulagement à l'ouvrier, n'ont servi, par suite du développement immense de la production, qu'à rendre sa tâche plus pénible, plus dure, plus asservissante (1); que la concurrence et la spéculation agissent également pour amener l'écrasement du faible par le fort, du pauvre par le riche, et réaliser la concentration des capitaux en un petit nombre de mains; que d'ailleurs les entreprises exagérées des Etats ont grevé la fortune publique de charges sans cesse plus lourdes; que la tranquillité a fui les âmes, que toutes les parties du corps social souffrent de l'absence de sécurité, que l'inquiétude a germé avec l'instabilité, l'envie avec la cupidité, et qu'enfin les haines des classes

(1) On peut ajouter dans bien des cas plus dangereuse, par suite de l'emploi de moteurs mécaniques, du rapprochement des ouvriers et de l'accélération du travail. V. *Bulletin du comité permanent pour les accidents du travail*, avril 1898.

fermentent et grondent sourdement en attendant d'éclater au grand jour dans des crises révolutionnaires (1). Et lors même que l'on arriverait à réaliser une équitable répartition de la richesse, soit par la toute-puissance de la loi, soit par une heureuse application du système coopératif, il n'en resterait pas moins évident, aux yeux de Rousseau, que les sociétés modernes tournent dans un cercle vicieux et que ce qu'on appelle progrès n'est qu'un trompe-l'œil, puisque la jouissance que nous posséderons ne contrebalancera jamais la privation de ce qui nous manque, et que nos désirs multipliés devanceront toujours les moyens que nous aurons de les satisfaire. Aussi Rousseau n'eût rien changé à son idéal de vie frugale et de bonheur simple. Il aurait continué à croire que la modération des désirs est la plus indispensable des vertus politiques, et que la société la plus parfaite est celle où l'homogénéité la plus absolue se fonde sur l'égalité la plus stricte. On a pu séparer, pour l'application de ses idées, ce qui, dans la pensée de l'auteur, constituait un tout indivisible. Mais il n'en reste pas moins que son œuvre est toute pénétrée de l'adage : *Quid leges sine moribus?* et que, pour lui, les mœurs, ce sont

---

(1) E. de Laveleye, *Le Socialisme contemporain*, 10ᵉ édit., 1896. Introduction : les progrès du socialisme.

les mœurs à l'antique, les mœurs des primitifs laboureurs du Latium. La théorie des impôts, où Rousseau s'est surtout attaché à mettre en valeur leur fonction morale, nous a indiqué clairement le but qu'il visait. Nous allons retrouver le même but et des idées analogues dans les ouvrages d'un autre moraliste politique, Mably (1).

(1) Nous rappelons que plusieurs des idées financières de Rousseau ont reçu un commencement d'application sous le gouvernement révolutionnaire. Une loi du 2 thermidor an III adopta la perception en nature (partielle du reste) pour l'impôt foncier; elle fut rapportée en l'an V devant les difficultés d'exécution. En 1795, la contribution mobilière reçut le caractère d'un impôt somptuaire, et deux ans auparavant, un décret du 22 juin 1793 ordonnait l'emprunt forcé et progressif, avec exemption du nécessaire et confiscation totale du revenu au-delà d'un maximum déterminé. On recourt de nouveau à ces emprunts en l'an IV et en l'an VII. Enfin en 1792, le ministre de l'intérieur propose le rétablissement de la corvée volontaire, fournie spontanément par le civisme de chaque habitant, « par cette ardeur de faire le bien qui échauffe nos âmes devenues libres et républicaines. » Les espérances fondées sur le zèle de la nation pour ce patriotique travail ne se réalisent pas, si bien qu'en 1797, pour remédier à l'état déplorable des routes, on est obligé de recourir au système des péages, appliqué jusqu'en 1806. (Stourm, *op. cit.*, t. I, p. 118, 186. 230, 374.

CHAPITRE II

L'IMPÔT DANS MABLY

Parmi les hommes du xviiie siècle qui ont cru à l'alliance nécessaire de la politique et de la morale, il n'en est point qui aient affirmé la prééminence de cette dernière d'une façon plus complète et plus absolue que Mably. Rousseau lui-même dont nous venons d'examiner les idées, a sur ce point des affirmations moins franches et moins nettes. Sans détours, Mably fait de la politique l'esclave de la morale, sa servante docile et empressée. La politique est l'auxiliaire indispensable de la morale dans la lutte que celle-ci doit soutenir contre nos passions.

En effet, si les passions sont légitimes dans leur source, comme étant l'œuvre de la nature, s'il convient de les approuver en tant qu'elles tendent à la conservation et au bonheur des êtres humains, il faut les haïr au contraire et les combattre dans leurs excès, quand elles servent à séparer les hommes et non plus à les unir. Réprimer les passions mauvaises, les soumettre à l'autorité de la raison, c'est le rôle de la morale individuelle (1); et la morale sociale ou politique n'a pas un but différent. Elle doit établir dans la société un état de choses tel que personne ne puisse chercher son bonheur en dehors du bien général. Les intérêts particuliers nécessairement divisent et opposent. Les rivalités entre les hommes ne peuvent disparaître qu'à la condition d'élargir les bases de l'intérêt personnel, de transformer l'égoïsme étroit et jaloux en un altruisme large et généreux; ce qui suppose une réforme capitale dans le régime économique des sociétés : la suppression de la propriété foncière. Mably, de même que Rousseau, rend la propriété foncière responsable des antagonismes sociaux; elle seule est intervenue pour dévier du droit chemin les passions humaines. Autant la propriété personnelle est légitime, autant la propriété mobilière, « qui n'est que le droit de pourvoir à sa subsistance (2), » en dérive nécessairement, autant par

(1) La morale de Mably a été étudiée en détail par M W. Guerrier, professeur à l'Université de Moscou, dans son ouvrage *L'Abbé de Mably moraliste et politique,* Paris, 1886.

(2) *Doutes proposés aux philosophes économistes sur*

contre la propriété foncière est une institution arbitraire des hommes et la source de tous les maux qui affligent les sociétés. Ce qui pourrait la justifier, ce serait qu'elle fut en effet l'unique moyen de subsister, comme l'ont prétendu les physiocrates. Il n'en est rien. Les premières sociétés ont ignoré la culture, et quand la multiplication des hommes les amena à travailler la terre, on adopta d'abord le régime de communauté (1). Pourquoi, à ce régime, en a-t-on substitué un autre, aussi éloigné des vues de la nature que le

l'ordre naturel et essentiel des sociétés politiques, p. 36 (nous citons Mably d'après l'édition des *Œuvres complètes* publiée à Paris, chez Volland, en 1790. Cette édition ne renferme pas l'ouvrage posthume sur *Le cours et la marche des passions dans la Société* qui a paru pour la première fois dans le XVe volume de l'édition publiée en l'an III de la République).

(1) N'est-ce pas ensuite l'accroissement de la population qui a amené le remplacement de la communauté primitive par les propriétés individuelles? Mais Mably n'admet pas que le propriétaire cultive mieux sa terre que le communiste. Il regarde l'amour des distinctions, de la gloire, de l'estime publique, comme des encouragements au travail aussi puissants que la passion d'acquérir et de multiplier ses jouissances. Il donne comme exemple de terres communes fertiles et bien cultivées la propriété ecclésiastique. Du reste, dit-il, quand la propriété foncière serait en effet plus favorable à la reproduction des richesses, « qu'importe cette plus grande abondance, si elle invite les hommes à être injustes et à s'armer de la force et de la fraude pour s'enrichir? »

premier y était conforme? Comment s'est opérée la transformation? Mably n'a là-dessus que des conjectures. La cause n'en est pas à l'avarice, fille de l'inégalité, passion inconnue à la naissance des choses, lorsque la richesse ne consistait qu'en fruits que le temps corrompait promptement. L'avarice est née de la propriété, quand le commerce a permis d'échanger les denrées que chaque famille ne pouvait consommer. Dès lors le superflus ne fut plus inutile; les besoins augmentèrent, et l'on sentit l'avantage d'être riche. La cause n'en est pas non plus à l'ambition. On ne doit pas supposer à l'origine les hommes ennemis des hommes, car l'intérêt de la conservation primait tout. L'ambition est née de l'avarice : c'est la fortune enviée et respectée qui a donné le jour à cette passion. Ce qui paraît plutôt avoir mis fin à l'âge d'or, c'est la paresse. Il y eut des hommes qui voulurent vivre aux dépens des autres, sans apporter leur collaboration à l'œuvre commune. De là, les plaintes des citoyens laborieux, et, pour y remédier, un partage égal des terres (1). Mais de là aussi le désordre qui règne dans la société. « Dès que je vois la propriété foncière établie, je vois des fortunes inégales; et de ces fortunes dis-

---

(1) *Doutes proposés*, lettre I, p. 29; lettre II, p. 39. — *De la Législation ou Principes des Lois*, Partie I, ı, 3, p. 77 et suivantes.

proportionnées, ne doit-il pas résulter des intérêts différents et opposés, tous les vices de la richesse, tous les vices de la pauvreté, l'abrutissement des esprits, la corruption des mœurs civiles, et tous ces préjugés et toutes ces passions qui étouffent éternellement l'évidence..... Ouvrez toutes les Histoires, vous verrez que tous les peuples ont été tourmentés par cette inégalité de fortune. Des citoyens fiers de leurs richesses ont dédaigné de regarder comme leurs égaux des hommes condamnés au travail pour vivre; sur le champ, vous voyez naître des gouvernements injustes et tyranniques, des lois partiales et oppressives, et, pour tout dire en un mot, cette foule de calamités sous lesquelles les peuples gémissent (1). »

Si donc nous voulons revenir à l'égalité originelle qui est la condition de l'homme dans l'état de nature (2), il n'y a qu'à supprimer l'institution

---

(1) *Doûtes proposés,* lettre I, p. 12.

(2) *Ibidem* p. 13. — *Législation,* Part. I, 1, 2, p. 58. « Qui peut nier qu'en sortant des mains de la Nature, nous ne nous soyons trouvés dans la plus parfaite égalité. N'a-t-elle pas donné à tous les hommes les mêmes organes, les mêmes besoins, la même raison? Les biens qu'elle avait répandus sur la terre ne leur appartenaient-ils pas en commun? Où trouverez vous un principe d'inégalité? Avait-elle établi à chacun un patrimoine particulier? Avait-elle placé des bornes dans les champs? Elle n'avait donc pas fait des riches

« contre nature » qui, comme la boîte de Pandore, a donné naissance à tous les maux. La communauté des biens peut seule affectionner les hommes au bien général, engendrer cette solidarité des citoyens, ce concours empressé de chacun à l'œuvre de tous qui ne se rencontrent plus là où régnent la propriété foncière et l'inégalité des conditions. « Moins on est occupé de ses richesses, de son luxe et de ses voluptés, plus on est attaché au bien public; on paraît s'oublier pour n'aimer que les lois, l'expérience le prouve, et la raison confirme l'expérience. Si je n'ai aucune propriété et que je reçoive des mains des magistrats toutes les choses dont j'ai besoin, soyez sûr que j'aimerai ma Patrie, parce que je lui devrai tout. Ne nous faisons pas illusion, la propriété nous partage en deux classes, en riches et en pauvres. Les premiers préfèrent toujours leur fortune domestique à celle de l'Etat; et les seconds n'aiment jamais un gouvernement et des lois qui permettent qu'ils soient malheureux (1). »

Le plan de Mably se ramène donc à ceci : disparition de la propriété privée, répartition des

et des pauvres. Avait-elle privilégié quelques races par des bienfaits particuliers .. ? Elle n'a donc pas fait des grands et des petits : elle n'a donc pas destiné les uns à être les maîtres des autres. »

(1) *Législation*, p. 100.

citoyens en différentes classes travaillant la terre ou les arts grossiers ; emmagasinement des récoltes par l'Etat ; distribution des subsistances par des magistrats chargés aussi de la surveillance des mœurs (1). C'est une copie de la République platonicienne, corrigée dans ce qu'elle pouvait avoir d'excessif ou de singulier.

Seulement, pas plus que Platon (2), Mably ne croit à la réalisation de son rêve. Le communisme lui paraît le « comble de la vertu politique (3), » mais c'est un sommet trop élevé pour que l'humanité y atteigne jamais. « Quand on présenterait aux hommes le véritable ordre de la nature, qui, selon moi, consiste dans la communauté des biens et l'égalité des conditions, je conviens très fortement qu'il ne ferait aucune impression sur leur esprit : des barrières insurmontables nous séparent pour jamais de ce bonheur. — La propriété arme en sa faveur cent passions qui prendront toujours sa défense, et qui n'entendront jamais raison. Aucune force humaine ne pourrait tenter aujourd'hui de rétablir l'égalité, sans causer de plus grands désordres que ceux qu'on voudrait évi-

---

(1) *Législation*, p. 83.

(2) Platon reconnaît dans les *Lois* (V., 739, E) que la communauté des biens exige plus de vertus que n'en ont les hommes.

(3) Platon, *Lois*, V, 739, D.

ter (1). » Au contraire, puisque la propriété existe, il faut l'accepter comme un mal irrémissible. Pour empêcher dans l'Etat des troubles continuels, il faut la regarder comme « le fondement de l'ordre, de la paix et de la sûreté publique ... A la naissance des choses, toute loi était vicieuse, qui se relâchant sur la communauté des biens, tendait de la manière la plus indirecte à favoriser l'établissement de la propriété; mais, au contraire, toute loi sera sage aujourd'hui, qui tendra à ôter à nos passions quelque moyen ou quelque prétexte de blesser les droits de la propriété, de la manière même la plus légère (2). »

Le rôle actuel de la législation consiste donc, non à supprimer la propriété, mais à ruiner les deux vices principaux que nous donne la propriété. Il faut disposer la société et le gouvernement de façon à ce que les hommes trouvent leur bonheur sans le secours de ces deux passions. Sans doute, puisque la propriété subsiste, on ne les détruira jamais complètement, mais on peut du moins arriver à les diminuer, à les engourdir. L'égalité

---

(1) *Doutes,* lettre II, p. 43; lettre I, p. 14. — *Législation.* Part. I, ı, 4, p. 109. On ne peut revenir à l'égalité détruite. La vanité des grands ne voudra jamais l'admettre; le peuple ne s'en contenterait pas. « Le peuple a des emportements d'insolence, mais aucun principe d'égalité. »

(2) *Législation*, Part. I, ı, 4, p. 123.

parfaite est irréalisable; mais l'égalité relative est toujours possible, et les efforts constants du législateur doivent tendre à l'établir.

De cette idée fondamentale procède ce que l'on peut nommer le système ascétique de Mably. Deux raisons le justifient : 1° la nécessité, pour se conformer à l'ordre de la nature, d'établir le règne de la justice dans la société. Jadis, quand les hommes renoncèrent à leur indépendance originelle, ils ne purent avoir d'autre but que leur intérêt particulier. En s'unissant les uns aux autres, ils se proposèrent d'obtenir le secours de leurs semblables, et s'engagèrent à remplir envers tous les devoirs que tous s'engageaient à remplir vis-à-vis d'eux (1). S'il arrivait par conséquent que les uns se trouvassent lésés par les autres, si une partie du corps de la nation était sacrifiée à l'autre, les conventions primitives seraient violées, et les hommes exposés de nouveau à tous les maux de l'état de nature, fortifiés par l'autorité des lois (2).

2° Pour remplir son rôle d'impartialité et de justice, la législation doit se faire l'auxiliaire de la morale contre les passions. Réduite à ses seules forces, la raison individuelle est impuissante. Les hommes, qui restent toujours des enfants, ont

(1) *Législation*, Part. II, III, 4, p. 92.
(2) *De l'étude de l'histoire*, Part. I, ch. III, p. 30.

besoin qu'on leur facilite la vertu (1). C'est dans ce but que les lois et toute la machine politique ont été imaginées : leur fonction consiste, selon Mably, à secourir la raison particulière de chaque citoyen presque toujours vaincue dans sa lutte contre les passions (2). Une loi juste est la voix de la Raison sur la terre (3); elle affermit les hommes dans la pratique de leurs devoirs; elle écarte les tentations qui nous invitent à être avares et ambitieux. « Le plus grand art de la politique est de rendre tous les devoirs faciles... Il est plus facile et plus sûr de ne pas exposer les hommes à la tentation que d'exiger qu'ils la surmontent (4). »

(1) *De l'étude de l'histoire*, p. 27.

(2) *Des droits et des devoirs du citoyen,* lettre I, p. 17, 31. — *Entretiens de Phocion,* 2e entretien, p. 49, 51. « La raison est l'organe par lequel l'Auteur de la nature nous fait connaître ses volontés... La Politique doit être le ministre et le coopérateur de la Providence parmi les hommes.... Son but est de tenir les passions courbées sous le joug, et, en affermissant l'empire de la raison, de donner, pour ainsi dire, des ailes aux vertus. »

(3) Mably reprend les expressions mêmes de Cicéron *(de Lege,* I, 18): « Lex est ratio summa, insita in naturâ, quœ jubet ea, quœ facienda sunt, prohibetque contraria. Eadem ratio quum est in hominis mente corfirmata et confecta, Lex est.

(4) *Doutes,* lettre III, p. 74. — *Législation,* Partie I, i, 4, p. 126.

Partant de là, Mably combat la doctrine des physiocrates qui donne la prépondérance dans la société aux activités économiques. Les hommes se sont rapprochés les uns des autres, moins à cause de leurs besoins physiques, auxquels ils pouvaient satisfaire séparément, qu'à cause de leurs qualités morales, poussés par cet instinct de sociabilité qui n'est qu'une forme ou un développement de l'intérêt personnel (1). Cet instinct porte les hommes à s'unir; il n'y a pour les séparer que leurs intérêts matériels. Réduisons l'importance de ceux-ci, travaillons à diminuer les besoins physiques; ce sera autant de fait pour l'utilité commune et le bonheur des particuliers. En réalité, on ne doit pas chercher le bonheur véritable en dehors d'un état médiocre. Ce à quoi la nature nous appelle, c'est à la paix de l'âme et

---

(1) *Doutes*, lettre I, p. 28 et suiv. « Les qualités morales ont contribué beaucoup plus à l'établissement de la société, que le besoin des subsistances. — Les institutions sociales n'ont pas été établies parce que l'homme est un animal qu'il faut nourrir, mais parce qu'il est intelligent et sensible. Il peut se passer de cultiver la terre ; mais rien ne peut le dispenser de faire des lois. La culture est faite pour embellir et aider la Société ; et la Société n'est point faite pour faire fleurir l'agriculture. — Ne transposons pas les choses ; c'est la culture des hommes, c'est-à-dire, ce sont les vertus sociales qui serviront de base au bonheur de la Société ; voilà le premier objet de la politique ; nos champs viendront après. »

au silence des passions (1). En ramenant les hommes à cette simplicité qu'exige la nature, il est facile de leur assurer à tous la même somme de bonheur simple. Il y a dans le monde assez de biens pour nous rendre tous heureux, si, les partageant avec quelque égalité, nous avons la sagesse de n'en pas abuser. Mais il ne faut pas que les uns empiètent sur la part des autres, car, la quantité de richesses étant limitée, le superflu d'un homme ne peut être formé que du nécessaire de son semblable (2).

La législation doit donc s'efforcer d'enlever aux hommes les moyens de s'enrichir indéfiniment. La condamnation des richesses, ce banal lieu commun de toute la philosophie antique (3), a

---

(1) *Principes de morale*, p, 64. Eloge de la tempérance, p. 162 et suiv., p. 229-230.

(2) *Législation*, Partie I, i, 1, p. 35. — *Principes de morale*, p. 101.

(3) Espinas. *Histoire des doctrines économiques*, 1re partie. M. Espinas semble attribuer surtout à l'influence des théories de l'école socratique le faible développement des phénomènes de production dans le monde grec. Mais tous les penseurs ne professaient pas le mépris de Socrate et de ses disciples pour le travail et pour la richesse (Sophistes, Thucydide). Et d'autre part, l'infériorité de la production, moins grande qu'on ne l'a dite (V. E. Meyer, *Jahrbücher für nation. œkonomic. und statistik*, 1895, p. 213 s.) tient égale-

trouvé dans Mably un adepte convaincu. L'argent lui semble, plus encore que la propriété, l'instrument du malheur des peuples. Rien de plus « insociable » que l'argent et les mœurs ; rien qui établisse entre les hommes une différence plus réelle et plus sensible ; rien qui développe davantage un esprit bas et utilitaire exclusif des grands sentiments et de l'amour de la vertu (1). Il faut que l'Etat règlemente les professions et les métiers de façon à mettre les citoyens dans l'impossibilité d'accumuler de l'argent. La faveur avec laquelle Mably a parlé de l'agriculture a pour cause non pas, comme chez les physiocrates, un principe économique, celui de la productivité exclusive de la terre aidée du travail humain (2), mais plutôt,

---

ment à des causes physiques, sociales et économiques que M. Souchon a brièvement rappelées dans son ouvrage sur les *Théories économiques dans la Grèce antique*. Paris, 1898.

(1) *Législation*. Part. I, p. 21. — *Observations sur le gouvernement et les lois des Etats-Unis d'Amérique*, lettre IV, p. 162.

(2) *Législation*. Part. II, III, 1, p. 151. — Les idées de Mably relatives au commerce sont exposées principalement dans le chapitre XI de son ouvrage : *Le droit public de l'Europe fondé sur les traités*. Mably commence par remarquer qu'il « y a eu un temps où chaque peuple satisfait des biens que ses terres lui présentaient n'avait, pour ainsi dire, d'autres besoins que ceux de la nature. Le commerce a fait disparaître cette heureuse simplicité des mœurs. Les hommes se sont fait des besoins sans nombre, et le monde entier doit

comme chez Xénophon, Platon ou Sully, un préjugé moral contre le commerce et l'industrie. L'agriculture conserve les bonnes mœurs. Le commerce

contribuer de concert au bonheur d'une ville. Ces besoins multipliés ont lié toutes les nations entre elles ... Tous les Etats de l'Europe possèdent quelque richesse particulière, soit qu'ils la tiennent de la nature seule, soit qu'ils la doivent à leur industrie : et tout l'art du commerce consiste à vendre au dehors assez de ses denrées ou marchandises superflues pour acheter des étrangers, sans se ruiner, celles dont on a besoin. » Grâce au commerce, des Etats pauvrement doués par la nature, comme la Hollande, ont acquis une grande prospérité en profitant des richesses dont les autres ne savaient pas user ; ils ont établi chez eux des industries de transformation ; ils sont devenus les « facteurs ou colporteurs » de tous les peuples. De même, l'Angleterre, qui par l'acte de navigation a jeté les premiers fondements de sa puissance maritime. — Il y a du reste des pays avec lesquels il est avantageux de commercer et d'autres avec lesquels il convient de s'abstenir. Le commerce de la Chine, de la Perse, des Indes est ruineux, parce qu'il ne repose pas sur l'échange des marchandises, et aboutit à l'absorption de l'argent par l'étranger, par suite à la raréfaction des espèces. Au contraire, l'Amérique fait la richesse des Européens, qui y pratiquent le commerce à leur avantage. Cette situation durera-t-elle toujours? Mably entrevoit (en 1748) des germes d'indépendance dans les colonies anglaises, et espère que leur affranchissement remédiera à la « soif de l'argent » qui tourmente la métropole. — Il examine ensuite en quelques lignes la question de la suprématie des mers, se prononce pour l'équilibre des puissances, et annonce que la tyrannie exercée par l'Angleterre tournera contre elle tous les Etats qui ont des vaisseaux (ligues des neutres de 1780 et de 1800).

et l'industrie engendrent le luxe et les superfluités. Ils développent la cupidité et cet esprit mercantile qui vendrait la patrie pour de l'argent. Ils sont

— Enfin il aborde la question de fond : Que faut-il penser du commerce lui-même ? Depuis la Renaissance, on l'a regardé comme la source de la grandeur et de la prospérité des Etats. En effet il a multiplié la masse de l'argent, et permis aux princes d'en prélever davantage par les impositions et par les douanes. Mais la valeur de l'argent n'est que relative. « En possédant vingt marcs d'argent, au lieu d'un, ne sommes-nous pas au contraire appauvris, si les denrées que nos pères achetaient un marc, nous les payons aujour d'hui trente ? » Les citoyens ne sont donc pas devenus plus riches par l'abondance d'or et d'argent, et par suite la fortune des Etats n'a point été augmentée, « car cette fortune n'est autre chose que là contribution que chaque citoyen doit à l'Etat pour le payer de la protection qu'il en reçoit ; et cette contribution ne peut être prise sur le nécessaire. » Il est vrai que depuis le développement du commerce, les puissances ont formé de plus grandes entreprises, mais qui ont eu pour effet de les entraîner à grands pas vers la ruine, sous le poids des dettes énormes qu'elles contractaient. C'est du reste une loi générale que le commerce ne procure qu'une prospérité passagère. Avec lui on tombe très vite de la richesse dans la pauvreté. « Le commerce est une espèce de monstre qui se détruit de ses propres mains. » M. Cantillon (*) l'a démontré dans son argument du « cercle » (augmentation

(*) *L'essai sur la nature du commerce en général*, de Cantillon, n'a paru à Paris (sans nom d'auteur) qu'en 1755. Or l'édition originale du *Droit public* est de 1748. D'où la question de savoir si Mably a connu l'ouvrage de Cantillon en manuscrit, ou s'it s'est seulement réclamé de l'économiste dans une des éditions postérieures de son traité.

l'instrument d'édification des grandes fortunes. Aussi Mably les proscrit-il de sa république, n'y tolérant que des arts grossiers capables de rappro-

de la main-d'œuvre entraînant une élévation du prix des marchandises et une diminution des achats de l'étranger), et Mably fait le plus grand éloge de cet économiste pour lequel il professe une admiration sans bornes (« un écrivain qui a porté le génie le plus profond et le plus lumineux dans l'étude du commerce, » — « un homme du génie le plus pénétrant et le plus étendu. » [*Etats-Unis*, p. 153.] Le marquis de Mirabeau manifeste du reste le même enthousiasme pour Cantillon [L'*Ami des hommes*, partie Ire, p. 85 de l'édit, de 1756] : « Ce fut sans contredit, dit-il, le plus habile homme qui ait paru. ») — En terminant, Mably passe successivement en revue le commerce intérieur et le commerce extérieur. Il se plaint qu'on néglige le premier en faveur du second, parce que celui-ci fait affluer dans le pays le numéraire étranger. Mably montre cependant que le commerce intérieur augmente la somme des richesses de l'Etat ; il sert d'aliment au commerce extérieur ; on doit donc le favoriser le plus possible en supprimant les entraves qui le gênent. Des deux branches qui le constituent, l'agriculture et les manufactures, c'est la première seule qu'il faut s'attacher à développer. Mably est un adversaire déclaré du colbertisme. — Quant au commerce extérieur, Mably semble d'abord le tolérer dans certains cas, chaque fois qu'il ne procure pas assez de richesse pour développer le luxe dans un pays. Puis se rétractant il déclare, en prenant pour « garants tous les Anciens qui ont écrit sur la politique » que « le commerce étranger n'est nécessaire dans aucun cas et qu'il est toujours pernicieux. » — Voir aussi les *Principes des négociations*, Partie II, ch. xvii ; le *Gouvernement de Pologne*, Partie II, xiii, p. 51 et suiv., 107 et suiv.; le *Gouvernement des Etats-Unis*, lettre IV.

cher les hommes, ainsi que l'échange des objets de première nécessité. — Même en ce qui concerne l'agriculture, il importe que les propriétés foncières n'aient pas une superficie trop vaste. S'il n'y a qu'un ordre de citoyens dans l'Etat, on donnera donc des bornes fixes aux possessions de chacun, ou on limitera à un maximum le droit de propriété. S'il y a différents Ordres, on divisera les terres entre ces Ordres (terres nobles, roturières, etc.), de façon que la fortune de chaque Ordre reste la même (1). — A cela s'ajouteront des lois réglant les successions, limitant les degrés de parenté donnant droit aux héritages, réduisant le droit de tester à des libéralités mobilières en faveur des pauvres, etc. Le principe en cette matière est qu'une « bonne législation doit continuellement décomposer et diviser les fortunes que l'avarice et l'ambition travaillent continuellement à rassembler. » Tout cela ne suffit pas. Il faut encore des lois somptuaires pour s'opposer aux « dépenses impertinentes des riches, » à ce faste, à cet étalage qui lorsqu'ils ne soulèvent pas les haines des classes populaires, se communiquent à elles par une sorte de contagion. Ces lois « doi-

---

(1) Platon, dans les *Lois* (livre V) règlemente d'une façon très rigoureuse la propriété foncière (incessibilité du κλῆρος, système des majorats, etc.) et fixe une limite maximum à la fortune des citoyens.

vent s'étendre sur tout, meubles, logements, table, domestiques, vêtements. Si vous négligez une partie, vous laissez une porte ouverte à des abus qui s'étendront sur tout. Plus vos règlements seront austères, moins l'inégalité des fortunes sera dangereuse. Les riches tâcheront de valoir quelque chose par eux-mêmes, s'ils désespèrent de se faire considérer par leurs valets, leurs chevaux et leurs habits; les pauvres, moins avilis, travailleront à se faire estimer, dès que l'estime sera attachée à des choses qui peuvent leur appartenir comme aux riches (1). »

Lorsque ces lois seront appliquées avec fermeté et vigilance, il y aura beaucoup d'homogénéité dans l'Etat. Les citoyens, rapprochés par des intérêts identiques, s'élèveront à l'idée d'un bien commun, dont ils feront dériver tous leurs avantages particuliers. Cela est très important au point de vue du gouvernement de l'Etat. Comment, en effet, établir des lois impartiales, quand les rivalités entre les classes faussent continuellement la notion d'intérêt public ? « Chaque citoyen est partagé entre deux intérêts, l'avantage général de la société et son avantage particulier. Que doit-il résulter de ces intérêts opposés ? Que le citoyen perdra souvent de vue le bien général pour ne s'oc-

(1) *Législation* part. I, II, 1, p. 150-166.

cuper que de son bien particulier, et par une conséquence nécessaire, que la loi qui le favorisera aux dépens de la société, lui paraîtra la plus juste et la plus sage, ou du moins qu'il l'aimera autant que si la justice la plus exacte l'avait dictée (1). » C'est cet intérêt particulier, toujours ou presque toujours opposé à l'intérêt général, qui a presque continuellement détourné la puissance législative de la fin pour laquelle elle avait été instituée. Qu'attendre de bon d'une loi inspirée par les plus mauvaises passions de notre nature ? Comment espérer que la vertu publique se rencontre dans l'extrême richesse et dans l'extrême pauvreté, puisque l'on n'y trouve même pas les vertus privées. Chez les riches, l'inégalité engendre la paresse, les raffinements, la recherche du luxe, l'oisiveté, l'orgueil et le mépris des autres, l'audace, l'ambition, l'abus de l'autorité et du pouvoir, et chez les pauvres, la servitude, la bassesse, la corruption, la vénalité ou la révolte après l'envie. La mendicité déshonore aujourd'hui l'Europe, comme l'esclavage a déshonoré jadis les républiques grecque et romaine (2).

(1) *Doutes*, lettre VII, p. 184.

(2) *Législation*, Part. I, 1. 2, p. 52-6. — Le Trosne. (*De l'ordre social*, discours V, et note 13) se plaint également de la multitude de mendiants qui dévastent le Royaume. C'est « une classe d'hommes qui ne tient plus à rien, qui menace et attaque la sûreté publique, et qui achève d'épuiser les

Et cependant c'est un mal nécessaire quand on ne met pas de bornes à l'avarice et à la cupidité. L'esclave antique avait du moins cette chance de tomber parfois sur de bons maîtres. Et l'on conçoit la possibilité de lois équitables réglant les rapports de maître à esclave. Mais aujourd'hui nulle loi ne pourvoit à la subsistance des malheureux. L'esclavage de la pauvreté est le pire de tous. C'est se moquer que de dire d'un homme qu'il est libre quand il est accablé sous le poids de la misère (1). Partout où règne l'inégalité des fortunes, l'égalité politique est un vain mot. Voulez-vous des lois justes et un bon gouvernement ? Reconstituez donc la société sur le plan dressé par la nature ; établissez la coïncidence de l'intérêt général et de l'intérêt particulier ; rendez à tous les citoyens la pratique de la vertu facile en réduisant le nombre des tentations qui les assiègent par la diminution préalable de leurs besoins.

Voilà la politique à suivre à l'égard des particuliers. Les mêmes principes s'appliquent égale-

---

campagnes par les services forcés qu'elle exige. » V. dans Taine, *Ancien Régime*, V, III, 4, les mesures aussi énergiques qu'infructueuses prises par le pouvoir royal pour soulager la France de cette plaie. — Egalement, *Tableau de Paris*, t. II, p. 84.

(1) *Droit pnblic*, ch. XI, p. 393-395. — *Observations sur l'Histoire de France*, t. III, p. 443-445.

ment en ce qui concerne la personne publique, l'Etat. Les besoins généraux de l'Etat seront simples, comme les besoins individuels de chaque citoyen. L'Etat doit se garder avec soin des grandes entreprises. Pas plus qu'aucun de ses membres, il ne doit être avare ou ambitieux. L'avarice et l'ambition conduisent les nations à leur ruine. Mais la médiocrité est une garantie de durée. Dans un pays où les citoyens sont contents de leur sort, l'Etat a peu de chose à faire pour leur bonheur (1).

Seulement, à côté de l'Etat considéré comme la généralité des citoyens, il y a les personnes qui représentent l'Etat et le dirigent, c'est-à-dire les magistrats. Le dualisme que nous avons reconnu être la difficulté principale du problème politique, se manifeste ici avec une acuité particulière. Tous les hommes sont portés à sacrifier l'intérêt public à leurs passions personnelles; mais la grande autorité dont jouissent les magistrats et les pouvoirs étendus qu'ils possèdent les exposent bien davantage à la tentation. Comment leur ambition ne serait-elle pas fortifiée par le droit de commandement dont ils sont revêtus? Comment leur cupidité ne se nourrirait-elle pas des ressources publiques mises à leur disposition? Jamais

(1) *De l'Etude de l'Histoire*, chap VI, p. 87.

rassasiées, toujours plus avides, leurs passions réclament sans cesse de nouvelles satisfactions. Les besoins des magistrats multiplient ceux de l'Etat, et, par une conséquence naturelle, la corruption des magistrats gagne les citoyens. « Selon que le gouvernement sera plus ou moins avide et intéressé, les citoyens estimeront plus ou moins les richesses. Que faut-il conclure de cette première vérité? Que les lois n'opposeront jamais qu'une résistance inutile aux efforts de l'avarice et des vices qui en découlent, si elles ne commencent par diminuer les finances de l'Etat. Tel fut le principe de Lycurgue; et je voudrais que ces petites gens qui se donnent la liberté de blâmer sa conduite, parce qu'ils sont incapables d'en comprendre la sagesse, me disent comment ce législateur s'y serait pris pour obtenir de ses concitoyens qu'ils préférassent leur liberté, leur patrie, la gloire, la justice, la tempérance et la frugalité, à je ne sais combien de choses qu'il est si aisé de trouver plus agréables, s'il eût établi sa République de façon qu'un trésor eût été nécessaire à ses succès. Les deux Rois du moins, les Sénateurs et les Ephores, Magistrats d'une République riche, auraient d'abord douté qu'il fut de leur dignité de vivre avec la simplicité que prescrivaient les lois. Ils auraient été exposés à une tentation continuelle; y auraient-ils résisté pendant quatre cents ans? Il y a grande apparence qu'ils se seraient fait des besoins, puisque l'Etat aurait eu des richesses. La corruption des magistrats se serait communiquée promptement aux citoyens. — Les besoins démesurés de la République ne peuvent s'associer longtemps avec la modestie des mœurs. Soyez sûr que les besoins des magistrats, qui ébranlent sans cesse les lois, les renverseront infailliblement. Tout ce qui tend à augmenter les besoins de l'Etat ou des magistrats est donc, par sa nature, un vice; toute loi propre au contraire à les diminuer est donc une loi salutaire et sage. Il serait insensé d'espérer que les citoyens fussent contents de leur précieuse médiocrité, quand le gouvernement leur donne l'exemple, le goût et la passion du luxe et de la magnificence, On a admiré la somptuosité des édifices publics que Rome éleva sous le règne même de ses rois; cette grandeur, a-t-on dit, était un augure de la haute fortune où la République était appelée : mais pourquoi n'était-ce pas également un augure de sa décadence ou de sa ruine. En voyant le Capitole et le palais du prince, le patricien ne s'accoutumait-il pas à trouver sa chaumière trop petite et trop peu commode? Il s'éleva dans son âme des désirs et des besoins inconnus; de là une avarice grossière qui faillit à perdre la République naissante, qui s'opposa aux progrès de son gouvernement, et qui, se déguisant ensuite sous le masque de la gloire et de l'amour de la Patrie, profita de toutes les circonstances pour introduire dans Rome un luxe énorme qui méprisa à la fois les lois anciennes et les règlements nouveaux dont quelques gens de bien voulurent étayer la République prête à s'écrouler (1). »

C'est en vue de parer à de tels dangers que Mably pose les règles suivantes :

1° Les richesses ne seront point un titre pour parvenir aux magistratures. « Négligez ce point, et on commencera ridiculement à devenir avare et à s'enrichir pour se rendre digne d'administrer, sans prévarication, les affaires de la République. »

2° Aucune rétribution ne sera attachée aux charges des magistrats. « Si Rome avait soudoyé les hommes qui la délivrèrent du joug des Tarquins, jamais elle ne serait parvenue à établir sa liberté; si elle avait ensuite donné des gages, des appointements et des salaires à ses consuls, à ses dictateurs, à ses tribuns, à ses censeurs, pourquoi aurait-on vu dans la République plus de courage, de désintéressement, de magnanimité, de patience, d'amour des lois, de la gloire, de la liberté et de la Patrie, que dans nos Etats mo-

(1) *Législation*, Partie I, II, 1, p. 128-132.

dernes? Je croirais qu'il est plus aisé de faire des héros avec quelques feuilles de laurier ou de chêne qu'avec beaucoup d'argent. Ne voyant dans les magistratures que des devoirs, des peines, des soins et de la gloire, les âmes communes n'osèrent y aspirer : voilà ce qui fit la force et la grandeur des Romains. S'ils avaient connu nos honoraires, nos pensions, nos profits, tout citoyen, pourvu qu'il ait aimé l'argent, se serait cru digne du consulat et de la censure. Il y aurait aspiré, et en y aspirant, il aurait mis l'intrigue et la corruption à la mode ; il y serait parvenu, et son succès aurait fait voir que le mérite était inutile. Je n'ignore pas les beaux raisonnements que l'avarice et le préjugé m'opposeront. Toute peine, dit-on, mérite un salaire : propos d'esclave. Le Magistrat, ajoute-t-on, néglige ses affaires domestiques, et il est juste que l'Etat le dédommage (1) : propos de commis. La République a tort si elle accable les magistrats de travail ; qu'elle partage leurs fonctions pour les rendre légères et agréables. Le magistrat a tort de son côté, et les lois n'ont pas eu l'art de le rendre digne de sa place, si, aux dépens de sa fortune domestique, il ne sait pas

(1) Marquis de Mirabeau, *Théorie de l'Impôt*, 1760, p. 26. « La solde est un dédommagement donné par le public en équivalent de la subsistance de celui qu'il déplace pour son service et qu'il empêche de se la procurer à lui-même. »

acheter beaucoup de gloire et l'estime de ses concitoyens. Mais il convient, entends-je dire à tout le monde, que des magistrats vivent avec une certaine décence, une certaine pompe, une certaine magnificence (1)..... Voilà les propos d'un homme assez vil et assez corrompu pour que des valets de chambre, une livrée brillante, des équipages, un palais, une table somptueuse le touchent plus que ses devoirs. C'est afin qu'un peuple entier ne se dégrade pas jusqu'au point de faire sérieusement de si plates objections que les lois doivent tout tenter pour empêcher que le magistrat n'ait dans sa maison d'autres besoins que le simple citoyen. Jean de Witt, accompagné dans les rues de La Haye d'un petit laquais portant devant lui une chandelle pour l'éclairer, n'était-il pas respecté et des siens et des monarques les plus puissants de l'Europe? Vingt chevaux dans ses écuries et trente valets dans ses antichambres, qu'auraient-ils ajouté à la considération dont il jouissait?..... Les appointements les plus médiocres sont un grand vice, ou du moins le germe d'un grand vice. Un magistrat gagé s'accoutu-

---

(1) Le marquis de Mirabeau par exemple, tout en blâmant sévèrement le luxe, admet que dans une monarchie puissante il faut une certaine représentation. (*L'Ami des Hommes*, Partie II, chap. v.). — Voir aussi la condamnation du luxe dans le *Tableau de Paris,* tome II, p. 107.

mera peu à peu à peser ses services au poids de sa cupidité, et il ne tardera pas à les estimer plus que ses salaires. Il se négligera, et pour lui rendre une certaine activité, il faudra augmenter ses honoraires, ou il saura bien les augmenter lui-même en se payant par ses mains (1). »

Tout Etat qui voudra être bien servi à peu de frais devra donc substituer à l'intérêt pécuniaire, comme mobile de la conduite de ses magistrats, le sentiment du devoir, de l'estime publique, l'amour de la gloire et de la Patrie. Pour favo-

---

(1) *Législation*, Partie I, II, 1. p. 138 et suiv. — *Doutes*, lettre II, p. 41. « C'est ce beau principe, Monsieur, de payer en argent la protection des magistrats et les services des citoyens qui a tout gâté. Faites attention que sous prétexte de remplir un devoir, vous avez éteint l'amour du bien public, et donné l'essor aux passions les plus dangereuses. Il n'est pas possible que les magistrats et les gens de guerre dont vous avez fait des mercenaires n'estiment l'argent qui est devenu leur récompense. En même temps que leur paresse imagine cent raisons pour diminuer leurs devoirs, leur avarice ingénieuse trouvera cent moyens d'augmenter leurs salaires ; les besoins de l'Etat se multiplieront à vue d'œil : on donnera bientôt ce nom imposant aux besoins plus frivoles du magistrat. Tout est perdu, parce que vos propriétaires et vos cultivateurs ne manqueront point de voir que le gouvernement abuse de ses forces et se moque d'eux. » — Dans les *Observations sur le Gouvernement et les Lois des Etats-Unis*, p. 88, Mably blâme également la constitution de Massachussets de donner un traitement au gouverneur.

riser le développement de ces vertus, Mably demande, comme Rousseau, l'établissement de récompenses honorifiques, purement personnelles, qui contribueront à entretenir l'émulation à tous les degrés de l'échelle du gouvernement (1).

3° Enfin, le législateur doit travailler continuellement à diminuer les impôts. « Si ce n'est pas là l'objet constant et perpétuel de sa politique, les besoins de l'Etat augmenteront de jour en jour, parce que les magistrats deviendront de plus en

(1) *Des Droits et des Devoirs du Citoyen*, lettre IV, p. 176. — *Gouvernement de Pologne*, p. 92. — *Observations sur l'Histoire de France*, tome II. Remarques et preuves, p. 322. « Parmi les citoyens qui furent nécessairement égaux en formant leur société, les distinctions n'ont pu être que la récompense des mérites ou du moins des services rendus à tous et reconnus par une reconnaissance générale. Si les sociétés avaient bien compris leurs intérêts, toute distinction n'aurait été que personnelle; et par là, l'amour de la gloire et l'émulation auraient sans cesse produit d'excellents citoyens. Mais il arriva que, par une espèce de reconnaissance enthousiaste, on fit ou laissa passer jusque sur les fils de l'homme qui avait bien mérité de la Patrie les distinctions qui n'appartenaient qu'à lui seul .. Dès lors, il se fit un bouleversement entier de l'ordre naturel des choses. Au lieu que la société ne devait accorder des distinctions que pour être mieux servie, ceux qui obtinrent ou usurpèrent ces distinctions se regardèrent comme la société même, et se firent servir par ceux dont ils sont naturellement les serviteurs. L'orgueil des grands en imposa à l'imbécillité du peuple, qui se laissa persuader qu'il ne devait être compté pour rien. »

plus avides. » Le trésor public, grossi sans cesse par l'effort de leurs passions, sera toujours insuffisant pour les satisfaire. « Si l'on ne s'étudie pas à faire beaucoup de choses avec peu d'argent, il est démontré qu'avec beaucoup d'argent, on ne fera bientôt que peu de choses, ou rien (1). » Pratiquez l'art de l'économie. L'abondance engendre une dépense plus grande. L'Etat qui a ses coffres bien garnis fait peu de cas d'un moyen qui ne lui coûte guère. Quand il ne l'emploie pas dans des entreprises nuisibles, il le prodigue en gaspillages inutiles. Bientôt son avarice croissante le réduit à faire appel au crédit, et cette institution funeste multiplie encore ses besoins, accroît l'inégalité des fortunes, rend les passions plus audacieuses et jette le gouvernement dans la plus extrême faiblesse. Tout finit par des charges nouvelles pour le peuple, par des impôts trop lourds qui diminuent l'amour du bien public dans le cœur des citoyens. La nation foulée ne donne plus rien et s'irrite de ce qu'on lui réclame, alors que sous des magistrats plus sages, elle eût offert spontanément les subsides dont elle eût reconnu elle-même l'indispensable nécessité (2).

(1) *Gouvernement de Pologne*, Partie II, xiv, p. 94.

(2) *Gouvernement de Pologne*, Partie II, xiv, p. 82 et suiv., 90 et suiv. — *Législation*, Partie I, p. 133.

Demander peu d'argent aux citoyens, c'est la règle d'une administration parfaite. Le législateur obtiendra ce résultat en combattant l'avarice des magistrats par l'avarice des particuliers. « Que chaque année, le public règle les dépenses de la République : puisqu'il doit les payer, il faut espérer qu'il sera plus économe que les magistrats (1). » Il exigera la justification des dépenses, limitera strictement les crédits accordés, et contiendra ainsi dans des bornes étroites les pouvoirs du gouvernement.

Par ce point, les idées financières de Mably se rattachent à ses théories politiques. Nous n'avons pas à entrer dans l'examen détaillé de celles-ci; cependant il est indispensable de montrer que Mably a entendu comme Rousseau le principe de la séparation des pouvoirs et qu'il en a tiré les mêmes conséquences.

Selon Mably, un peuple n'est libre que lorsqu'il obéit à des lois. Ce qui caractérise un régime de liberté, par opposition au régime de l'arbitraire, c'est l'existence de règles fixes, rationnelles, générales, prescrivant ce qu'il faut faire, interdisant ce dont il convient de s'abstenir. La loi a cette vertu protectrice de mettre le citoyen à l'abri des passions du magistrat. Entre l'autorité souve-

(1) *Législation*, Partie II, iii, 3, p. 77.

raine des lois et le despotisme, point de milieu. Or le despotisme dégrade la nature humaine ; il nous ravale au niveau des brutes, en nous enlevant l'exercice de nos facultés les plus nobles : la raison et la liberté. Dieu n'a pu permettre cette déchéance ; il n'a pas voulu qu'un magistrat conduisit des êtres humains « comme un fermier conduit les troupeaux de sa ferme ; » autrement il aurait « créé une espèce particulière d'êtres pour remplir cet auguste fonction (1). » Il ne l'a pas fait. Donc il faut dire qu'un homme ne doit point obéissance aux volontés d'un autre homme, mais aux seules lois.

C'est ce qui n'a pas lieu quand la loi est l'œuvre d'un seul homme. Les physiocrates nous vantent le despotisme légal, c'est-à-dire le « despotisme soumis aux lois que l'évidence elle-même dicte au despote. » Mais en admettant que cette évidence se rencontre, elle ne parle qu'à la raison; les passions remuent notre cœur, et c'est le cœur qui nous fait agir : l'esprit est continuellement la dupe du cœur. Avec un législateur unique, le bien public serait infailliblement sacrifié aux passions d'un individu. Le despotisme légal deviendrait bien vite arbitraire, car « le législateur fait des

---

(1) *Des Droits et des Devoirs du Citoyen*, lettre I, p. 28 et suivantes.

lois générales, et le magistrat donné des ordres particuliers en conséquence de ces lois ; mais si le même homme est législateur et magistrat, soyez persuadé qu'il ne se donnera bientôt plus la peine de faire des lois et qu'il trouvera plus commode et plus doux de donner des ordres (1). » Aussi n'est-ce pas à un seul ou à quelques-uns, c'est à l'universalité des membres de la société politique qu'appartient le droit de porter les lois de cette société. La souveraineté du peuple résulte nécessairement du pacte social ; son exercice se confond avec l'exercice du pouvoir législatif (2). Il faut que le corps de la nation tout entier prenne part à la confection des lois (3), si l'on veut que celles-ci

(1) *Doutes*, lettre VI, p. 180.
(2) *Droits et Devoirs du Citoyen*, lettre III, p. 116. « Le peuple, en qui réside originairement la puissance souveraine, le peuple seul auteur du gouvernement politique, et distributeur du pouvoir confié en masse ou en différentes parties à ses magistrats, est éternellement en droit d'interpréter son contrat, d'en modifier les clauses, de les annuler, et d'établir un nouvel ordre de choses. »
(3) Cependant Mably semble retirer l'exercice du droit de suffrage politique à tous ceux qui vivent du travail de leurs bras sans posséder d'héritage, c'est-à-dire à la classe des artisans. Les artisans, fait-il dire à Phocion *(3ᵉ entretien)* sont des salariés qui vivent aux dépens des riches ; leurs occupations avilissent leurs âmes et les maintiennent dans l'ignorance ; bien qu'hommes libres, ils n'ont en réalité pas de Patrie, et l'on ne doit pas leur confier le dépôt de la souveraineté. — Il est évident que ce n'est pas seulement l'idée

soient impartiales et exercent une autorité sérieuse sur les citoyens. « Un Etat ne peut avoir de bonnes lois qu'autant qu'il est lui-même son propre législateur. — Une nation qui ne contribue en rien aux lois ne manquera jamais de les prendre pour un joug incommode. Elle se défiera toujours d'un prince et d'un Sénat de patriciens qui veulent décider de son sort. Cette défiance ôte aux lois leur force dans le moment même où elles sont publiées (1). » Seulement si Mably remet le pouvoir législatif à la nation, il ne veut pas qu'elle l'exerce directement. Autant il regarde

antique, mais la sienne propre, que Mably met ainsi sur les lèvres de Phocion. Sous un régime de gouvernement direct, les artisans ne prendront donc point part à la confection des lois. Mais dans le régime représentatif adopté par Mably, seront-ils appelés à se choisir des représentants ? Aucun texte ne tranche la question. Les directions générales de la pensée de Mably le conduiraient plutôt à réserver la direction de l'Etat à ceux qui sont rattachés à son territoire par un lien fixe et durable, par la qualité de citoyen. Les ouvriers des corps de métier n'auraient alors que la jouissance des droits civils ; pour employer les termes de la Constitution de 1791, ce seraient des citoyens passifs.

(1) *Droits et Devoirs du Citoyen,* p. 160. — *Ibidem*, p. 345. — « Il est ridicule de s'attendre dans une monarchie ou dans un gouvernement aristocratique à des lois justes et raisonnables. Comment un monarque ou des patriciens dédaigneux jouiraient-ils de la puissance législative, sans que leurs passions plus aveugles et plus emportées que celles des autres hommes ne tournassent tout à leur avantage particu-

le despotisme comme attentatoire à la dignité de l'homme, autant il fait peu de fond sur les capacités politiques de la multitude. Il a jugé sévèrement le gouvernement populaire, allant même jusqu'à le blâmer dans les Républiques anciennes. « Qui ne sait combien le peuple est ignorant, imbécile et sujet à prévention, quand il aurait même autant d'esprit et de lumières que celui de l'ancienne Athènes. — La multitude dégradée par des besoins et des emplois qui la condamnent à des pensées viles et basses n'a ni les moyens ni le temps de s'élever par ses méditations jusqu'aux principes d'une sage politique. Se laissant donc gouverner par ses préjugés, elle ne jugera du bien de l'Etat que par ses intérêts particuliers, et ce qui lui sera utile lui paraîtra juste (1). — Dans une pure démocratie, tout se décide par vertige (2). — Quand tous les citoyens d'une République sont assemblées, l'Etat n'a plus de frein. Qui peut modérer ses caprices? Qui peut lui prescrire des lois? Qui peut l'obliger d'obéir à

---

lier? Mais dès qu'un peuple, au contraire, se sera réservé la puissance législative, soyez sûr qu'il aura bientôt les lois les plus sages et les plus salutaires » — V. aussi *Législation*, Partie II, p. 61.

(1) *Observations sur le Gouvernement et les Lois des Etats-Unis*, lettre I, p. 19; lettre II, p. 51.

(2) *Droits et Devoirs du Citoyen*, p. 149.

celles qu'il a faites?... A qui doit-il compte de sa conduite ? (1). » La rédaction des lois, œuvre de prudence et de réflexion, ne doit pas se faire dans une cohue, comme l'est nécessairement une assemblée populaire. Il faut la confier à une Chambre de représentants, dont on règlera le fonctionnement d'une manière stricte, en vue d'assurer la maturité de ses délibérations (2).

La loi existe. Mais à quoi sert-elle si les citoyens peuvent désobéir impunément ? Pour veiller à l'exécution des lois et punir les délinquants, la puissance législative est donc obligée de créer des magistrats revêtus d'une autorité dépendante et subordonnée. « L'empire absolu du magistrat sur le citoyen, et des lois sur le magistrat est indispensable pour parvenir au bonheur qui est la fin de la société. Tous les anciens l'ont pensé, et le bon sens le crie à tout le monde (3). » Si le citoyen n'obéit pas au magistrat, il y a anarchie ; mais si le magistrat n'obéit pas aux lois, il y a tyrannie. Les peuples sont continuellement balancés entre l'un et l'autre de ces dangers. Le premier est surtout à craindre dans les petites Répu-

---

(1) *Législation*, Partie II, III, 2, p. 56 et suiv. — Voir aussi l'ouvrage *Du Cours et de la Marche des Passions*.

(2) *Législation*, Partie II, III, 3, p. 63 et suiv. — *Gouvernement de Pologne*, Partie I, II, p. 26 et suiv.

(3) *Droits et devoirs du Citoyen*, lettre II, p. 47.

bliques gouvernées démocratiquement ; mais l'inconvénient contraire est celui des grands Etats. Dans ceux-ci, « la puissance exécutrice a un prodigieux avantage sur la puissance législative. L'une est toujours présente, elle agit toujours, elle est entourée de cet appareil de dignité qui imprime le respect et la crainte; l'autre disparaît en quelque sorte et est oubliée quand les assemblées de la nation se séparent. Alors les législateurs se trouvent confondus dans l'ordre des simples citoyens, tandis que les magistrats paraissent en quelque sorte les maîtres (1). »

On voit pourquoi Mably, écrivant pour les grandes nations modernes (2), a paru surtout redouter les empiètements du pouvoir exécutif. Contre la dictature de la puissance législative, il trouvait une garantie suffisante dans le régime représentatif, combiné avec l'emploi du mandat impératif; mais contre le danger que la puissance exécutrice fait courir au corps de l'Etat, il ne croyait pas pouvoir accumuler trop de précautions. « Tout législateur, dit-il, doit partir de ce

(1) *Gouvernement de Pologne*, Partie I, viii, p. 170. — *Droits et Devoirs du Citoyen*, lettre VII, p. 305 et suiv.

(2) Rousseau n'a jamais fait l'application de ses théories à la France Au contraire, la réforme politique du royaume de France a toujours été la principale préoccupation de Mably.

principe que la puissance exécutrice a été, est et sera éternellement l'ennemie de la puissance législative (1). » L'histoire des monarchies européennes le prouve. En France, l'absolutisme a triomphé des résistances des Etats-Généraux (2). En Pologne, toutes les dissensions furent provoquées par l'abus que les rois ont fait de droits incompatibles avec la liberté des citoyens. En Angleterre même, la royauté, malgré la diminution de son autorité, constitue un danger permanent, et rompt sans cesse à son profit un équilibre des pouvoirs très mal assuré (3).

Quelles mesures doit-on adopter pour prévenir de pareils excès, pour contraindre les magistrats à rester ce qu'ils doivent être, les « gens d'affaires » de la nation ? Mably propose les suivantes :

1° La puissance législative nommera elle-même les ministres qu'elle chargera de l'exécution des lois et conservera le droit de leur faire rendre compte de leur conduite et de les juger. Cependant la monarchie héréditaire est utile : elle soustrait la République aux agitations, aux rivalités, aux entreprises ou cabales de parti, elle donne aux

(1) *Gouvernement de Pologne*, Partie I, iv, p. 64.
(2) *Observations sur l'Histoire de France.*
(3) *De l'Etude de l'Histoire*, Partie II, ch. v : Du gouvernement d'Angleterre.

lois plus de force, au gouvernement plus de consistance. Mais le roi ne doit jouer d'autre rôle que celui de figurant; il n'est là que pour occuper une place à laquelle tout le monde aspire. Si sa personne est inviolable et sacrée, si on ne lui demande aucun compte, c'est parce que, par lui-même, il ne peut rien. Les Anglais ont le grave tort d'affirmer que leur roi est toujours innocent sans le mettre dans « l'heureuse impuissance d'être coupable. » Les fonctions du monarque doivent se borner à celles de président : le roi présidera un conseil exécutif, nommé par la puissance législative, et responsable de ses actes devant celle-ci (1).

2º La puissance exécutive ne doit avoir aucune part à l'exercice du pouvoir législatif. L'intervention du roi d'Angleterre dans l'œuvre législative du Parlement empêche les Anglais d'avoir les lois

---

(1) *Gouvernement de Pologne,* Partie I, v, p. 70 et suiv. ; VIII, p. 136-139. — *Droits et Devoirs du Citoyen*, p. 342. — Mably reproche aussi aux Anglais (*Pologne*, Part. I, p. 140) de ne pas choisir eux-mêmes les conseillers et les ministres du prince. Il n'a donc pas entrevu la transformation profonde qui s'était produite dans la Constitution anglaise depuis 1688, et avait peu à peu établi dans la pratique le gouvernement de cabinet. Mais l'eût-il connue qu'il l'aurait certainement blâmée, comme contraire au principe de la séparation des pouvoirs, tel qu'il l'entend.

qu'ils voudraient. La séparation des pouvoirs n'est efficace qu'à la condition d'être absolue (1).

3° Pas plus que de magistrat perpétuel, il ne faut de magistrat « universel ». Le meilleur moyen d'empêcher que la puissance exécutrice ne forme une conjuration contre le pouvoir législatif, c'est de la partager en un grand nombre de branches ou de comités qui se fassent réciproquement équilibre. Il y a là une application du système des contreforces où Mably voit le chef-d'œuvre de l'art politique (2).

4° Enfin il ne faut laisser dans les mains des gouvernants aucun moyen de séduire ou de corrompre. Le roi d'Angleterre possède des « revenus immenses » avec lesquels il s'achète des amis ; il distribue des charges et des dignités avec les-

---

(1) *Gouvernement de Pologne*, Partie I, VIII, p. 141 et suiv. — *De l'Etude de l'Histoire*, p. 128 s. — *Doutes*, lettre VII, p. 303 s.

(2) *Gouvernement de Pologne*, Part. I, p. 169. — *Législation*, P. I, p. 226. — *Doutes*, lettre VI, p. 170. — *Droits et devoirs*, p. 312. — *Observations sur l'histoire de France*, t. II, p. 127. « Rien n'est plus dangereux que de confier à la même personne l'exécution des lois dans toutes les branches différentes de la société. Il n'est pas possible que cette masse énorme d'autorité ne donne enfin au simple protecteur des lois le droit de les éluder, de les violer, et d'en faire à son gré de nouvelles. »

quelles il viole les lois et la justice (1). L'argent et les honneurs sont de toutes les puissances les plus dangereuses, parce qu'elles flattent les pas-

(1) Le système de corruption du Parlement par les dons et les faveurs de la Couronne, largement pratiqué déjà sous Charles II (parlement pensionnaire) devint le grand moyen de gouvernement quand la révolution de 1688 eut restreint les prérogatives de la royauté. « Le seul moyen de conserver effectivement le pouvoir était de trouver des ministres soumis et des députés dociles. La première difficulté fut facile à résoudre, tant que le principe de l'existence du cabinet et de son homogénéité ne fut pas établi. La seconde ne le fut pas moins, grâce aux moyens dont la légalité la plus stricte permettait au souverain de se servir et à ceux que son absence de scrupules le laissa libre d'employer. Légalement, le roi disposait des promotions et des nominations à la pairie, des rubans et des récompenses moindres. Le droit de nomination à tous les emplois civils, dont le nombre allait sans cesse en augmentant, l'armée, la marine, les colonies, l'Eglise étaient une nouvelle source de faveurs, et, pour les légistes, les places de juges, les titres de conseil de la Couronne, avaient un irrésistible attrait. L'argent enfin fut employé pour acheter, parfois les députés, souvent les électeurs, et grâce à ce système, les rois purent non seulement régner, mais encore gouverner à plaisir. » (De Franqueville, *Le gouvernement et le Parlement britanniques*, t. I, p. 297). La corruption éhontée sous le ministère Walpole amena la résolution du 6 avril 1780 portant que « l'influence de la Couronne a augmenté, augmente et doit être diminuée ». Mais les procédés de corruption se maintiennent sous Georges III, et ne disparaissent définitivement qu'avec l'acte de réforme de 1832. « De tous les instruments ingénieux de despotisme, a dit Sidney Smith

sions des hommes et les accoutument insensiblement aux lâches complaisances. Peut-on espérer qu'un prince échouera dans ses entreprises contre les lois quand il aura l'adresse d'intéresser au succès de son ambition l'avarice de ses sujets ou leur vanité? La politique ne doit pas exiger d'un homme des vertus qui sont au-dessus des forces de l'humanité. « Soyez convaincus qu'un roi trop riche trouvera mille moyens pour éluder la force des lois. Peu d'adresse même suffira pour vous tromper, parce que vous ne demanderez qu'à être trompés... Ignorez-vous combien l'amour de la liberté s'affaiblit aisément et s'éteint même entièrement, si un prince veut amollir les âmes par le luxe, la mollesse et les plaisirs? Quand elles ont perdu leur force, combien n'est-il pas aisé de les glacer par la crainte ! » Mably conseille donc aux confédérés de Pologne d'éviter « la faute des Anglais qui ont mis entre les mains du prince des richesses capables de les corrompre et qui, en le rendant trop puissant, doivent affaiblir peu à peu les droits du Parlement... Les Anglais ont eu grand tort d'abandonner à leur roi l'administration des finances; ils ont tenté sa cupidité et celle

(*Mémoires,* II, 214), je recommande surtout une assemblée populaire, où la majorité est payée et achetée, et où quelques hommes hardis et distingués viennent par leurs beaux discours persuader au peuple qu'il est libre. »

de ses ministres, et ont fait des intendants infidèles. Si tout maniement d'argent corrompt les hommes, ayons du moins la prudence de ne le pas confier à ceux qui, pour notre intérêt, doivent avoir les mains les plus pures, qui par leur dignité et leur pouvoir ont la plus grande influence dans l'Etat, et peuvent se promettre l'impunité (1). » Il faut que les revenus du roi lui soient accordés par la république. Le roi ne doit pouvoir acquérir aucun fonds, avoir aucun domaine particulier ; et à sa mort, l'argent qu'il aura amassé fera retour à l'Etat. Autant que possible, les revenus royaux ne seront point établis sur des terres et des domaines qu'on abandonnerait au prince. Le produit de ces terres variant suivant les années, cette inégalité deviendrait un mal pour la nation ; tantôt le monarque se trouverait plus riche qu'il ne convient, tantôt il faudrait suppléer à ce qui lui manque, et la porte serait ouverte à mille abus. Le plus sûr consiste à attribuer au roi une pension fixe et régulière qui lui sera payée par le trésor public ; mais cette pension doit être médiocre, c'est le seul moyen de contraindre le roi à l'économie, à la simplicité et de l'empêcher de rien tenter contre la république (2).

Du reste, qu'on le remarque, la pension payée au

(1) *Gouvernement de Pologne*, Partie I, v, p. 81 et 88.
(2) *Ibidem*, p. 86 et suiv. — *Législation*, Partie I, p. 40.

prince ne sert qu'à défrayer son train de vie, mais le roi n'est point chargé d'acquitter les dépenses publiques. Le système de finances anglais a précisément le tort de mettre à la disposition de la Couronne les sommes votées par le Parlement pour les besoins généraux de l'Etat. C'est donner bien sottement au monarque le moyen d'exercer ses talents de séducteur. Sans doute, une nation « arbitre des subsides qu'elle accorde » possède déjà de ce fait une grande « immunité. » Le vote des impôts est lié à l'ensemble des libertés publiques, et c'est en usant habilement de ce moyen que les Communes ont acquis le pouvoir législatif (1). Mais le seul vote de l'impôt ne suffit pas. Il faut aller plus loin, et revenant au système organisé par les Etats-Généraux de 1355, constituer la gestion des finances comme une administration distincte fonctionnant sous le contrôle des représentants du peuple (2). « Les Etats-Généraux

Observations sur le gouvernement des Etats-Unis, lettre II, p. 63. — *De l'étude de l'histoire*, ch. V.

(1) *Observations sur l'histoire de France*, liv. V, ch. IV : *Des causes par lesquelles le gouvernement a pris en Angleterre une forme toute différente qu'en France.* — En France, au contraire, l'établissement de la taille perpétuelle entraîna la ruine des libertés nationales (*Ibidem*, liv. VI., ch. I., p. 16 du tome V).

(2) Dans le *Gouvernement de Pologne*, Partie II, p. 95-100, Mably ne donne à la diète générale le droit de voter les

avaient autrefois leurs trésoriers qui, recevant dans leur caisse tout l'argent des impositions, ne pouvaient en délivrer la moindre somme que par les ordres des *Surintendants généraux des aides*. Il n'est pas difficile de perfectionner cette méthode : le principe en est excellent, et il est indispensable de le suivre ; parce que les plus légers abus, en matière de finance, ouvrent la porte aux plus grandes déprédations, et qu'il en doit naître dans l'Etat un découragement général, ou des séditions. Pourquoi ne publierait-on pas tous les deux ans (1), à la séparation des Etats une liste de toutes

---

impôts que pour les dépenses qui intéressent le corps entier de l'Etat. Chaque diétine vote des impôts particuliers pour sa province, et a pour cela toute liberté, sous la condition de ne pas nuire aux intérêts ou franchises des autres palatinats, par exemple par l'établissement de douanes intérieures. « Cette administration dont jouiront les provinces, dit Mably, y conservera l'image de l'indépendance dont elles sont si jalouses, y développera les talents, et excitera entre elles une émulation avantageuse. » On peut donc ranger Mably parmi les partisans de l'autonomie provinciale, à côté du marquis de Mirabeau (*Mémoire sur les Etats provinciaux*, dans l'*Ami des hommes*), de Letrosme (*De l'administration provinciale et de la réforme de l'impôt*), de d'Argenson (*Considérations sur le gouvernement ancien et présent de la France*), de Turgot (*Mémoire au roi sur les municipalités*), et de tous ceux qui préparent les réformes fiscales de Necker et de Calonne.

(1) Mably écarte les assemblées annuelles des Etats-Généraux, à causes des frais considérables qu'elles entraîneraient.

les charges ordinaires et extraordinaires de la Nation? tant dû au roi et aux autres magistrats pour leurs appointements ; tant pour la paie des milices; tant pour les affaires étrangères ; tant pour les arrérages des dettes de la Nation. Je proscris les dépenses secrètes; rien ne doit être secret chez un peuple bien gouverné ; et vous remarquerez en passant que tous ces mystères d'Etat n'ont été imaginés que pour couvrir quelque infamie, ou du moins une sottise. Chacune de ces branches aurait un trésorier particulier, chargé d'acquitter sa partie, et de rendre tous les ans ses comptes au trésorier général, qui leur fournirait des fonds, et répondrait lui-même, tous les deux ans, des deniers publics devant les Etats-Généraux. Serait-il question de quelque dépense extraordinaire, de construire, d'armer des vaisseaux, de lever un nouveau corps de troupes, de payer un subside à quelque puissance étrangère, etc., les Etats pourvoiraient à la levée d'une imposition extraordinaire, et le trésorier paiera aux termes convenus. La finance n'est en vérité un art difficile, que quand, dégénérant en gaspillage, on la régit sans ordre et sans économie, et qu'on se met dans la néces-

---

Ce sont seulement les Etats particuliers de chaque province qui doivent s'assembler chaque année (*Droits et devoirs*, p. 307); tous les deux ou trois ans, leurs députés se réuniront pour constituer l'Assemblée générale de la nation.

sité de réparer, par des tours d'adresse et des escamotages, les torts de sa négligence, de sa prodigalité, et d'une ambition ridicule et ruineuse, qui nous fait former des entreprises plus grandes que nos forces (1). »

(1) *Droits et devoirs du citoyen*, lettre VII, p. 324 et suiv. — Nous avons vu plus haut que les magistrats devaient fournir à l'Etat un service gratuit, et cependant Mably, dans le texte précédent, parle de crédits ouverts au budget pour leurs appointements. C'est que le livre *Des droits et devoirs du citoyen*, publié à la veille de la Révolution n'indique que les réformes à apporter immédiatement dans le gouvernement du royaume. Le service gratuit des magistrats n'en fait point partie ; il est irréalisable dans l'état actuel des mœurs de la nation. — Conformément aux idées de Mably, l'Assemblée constituante devait retirer au roi le maniement des deniers publics pour s'en emparer exclusivement. « Le moment est venu, disait Rœderer au nom du comité de l'imposition (séance du 20 décembre 1790,, de répartir entre les divers pouvoirs politiques les attributions que nécessite un nouveau système de finances... Le vœu unanime de la France a décidé la question : tous nos cahiers portent que les finances doivent être placées en dehors des atteintes du pouvoir exécutif... Le gouvernement doit toujours être subordonné à la souveraineté nationale ; il faut fixer avec précision la mesure de son pouvoir : avec l'argent on peut le perpétuer. Les principes seraient lésés, si on laissait au gouvernement l'administration des finances. » (Cité par Stourm, *op cit*, t. II, p. 285 6). Cette administration fut remise à un comité de trésorerie, composé de six commissaires nommés par le roi, ne ressortissant à aucun département ministériel. Trois députés élus par l'assemblée étaient chargés spécialement de les contrôler. Ils travaillaient sous

Ordre et économie (1) : voilà donc le grand principe de l'administration des finances publiques. Mably reprend à son compte le mot de Colbert : « Il faut rendre la matière des finances si simple qu'elle puisse être facilement entendue par toutes sortes de personnes (2). » Rien n'est moins com-

la surveillance habituelle des législateurs, autorisaient les paiements, nommaient aux emplois de finances (décret du 30 mars 1791, a. 7).

(1) D'Argenson, *Mémoires*, édit. Janet, t. V, 119. « Ah ! grande économie ! Tout le sort de l'Etat, tout son bien-être consiste en cela. Les grands ministères ne seront que les plus économes. Que M. de Sully était un grand homme ! Tout le grand de Henri IV ne vient que de l'esprit économique de Sully. Qu'il a bien intitulé ses Mémoires : *Economies royales* ! »

(2) Un siècle après Colbert, Necker pouvait dire encore, en parlant des traites : « Cette législation est tellement embrouillée qu'à peine un ou deux hommes par génération viennent à bout d'en posséder complètement la science. » *(De l'administration des finances de la France)*. Le Trosne écrit dans son ouvrage *De l'administration provinciale et de la réforme de l'impôt*, 1788, p. 327 : « Je n'entreprendrais pas d'entrer dans le détail de l'origine et de la perception de tous les droits qui composent les aides. Je me contente de placer en note la nomenclature effrayante de tous ces droits. Il n'y a pas d'impôt aussi compliqué que les aides ; cette perception a exigé une législation immense, dont il est impossible aux citoyens d'acquérir la connaissance ; de manière que les contraventions deviennent une des principales branches du produit. » Quant à la « bigarrure de la carte des gabelles », en voici, d'après Clamegeran *(op. cit..* Introduction, p. XLI un-bref exposé : « Tandis qu'en Bretagne le prix du quintal)

pliqué que la perception des deniers publics, quand elle se borne à ce qu'elle doit être, une « manutention économique et fidèle. » Ce sont les traitants qui ont fait de cette gestion un « art difficile et mystérieux, » où eux seuls comprennent quelque chose. Ils profitent de l'ignorance générale pour tromper les citoyens, et en augmentant les besoins du gouvernement, ils réussissent à se rendre maîtres de ses opérations (1). « Un État est bien à plaindre quand on est obligé de regarder les financiers comme ses colonnes. — N'admettez jamais aucun de ces établissements qui donnent à un citoyen le prétexte de vexer un autre citoyen. Dès que la société est infectée de cet esprit de pillage que donnent les fermes des droits publics, l'agiotage des papiers et les impositions arbitraires, n'espérez plus d'y retrouver quelque

de sel ne dépassait pas 3 livres, il s'élevait dans les provinces limitrophes, dans le Maine et l'Anjou, jusqu'à 58 livres 19 sols ; en Champagne, il allait jusqu'à 61 livres 15 sols, et dans le Rethélois, qui faisait partie de la Champagne, il variait entre 15 livres 15 sols et 17 livres 10 sols ; en Bourgogne, il était de 61 livres 15 sols ; en Franche-Comté, de 15 livres ; dans le Berry, 61 livres 15 sols, et dans le Poitou, 8 livres ; en Guienne, 7 livres 10 sols, et dans le Languedoc, 30 livres 17 sols ; dans le Dauphiné, 32 livres 10 sols, et en Provence, 27 livres 6 sols. »

(1) Sans compter que les traitants introduisent dans la nation qu'ils appauvrissent le luxe le plus effréné (*Législation*, Partie I, p. 153).

reste de justice et de probité. La ruse, la fraude, la violence, l'artifice, la chicane, voilà ce qui formera son caractère. Les citoyens se tendront des pièges ; les fripons trouveront tous les jours des dupes, et tout sera perdu quand les dupes seules seront déshonorées... Cette avarice prodigue, dont les besoins sont toujours renaissants et toujours extrêmes, ne se refusera à aucun attentat ; elle rend les âmes atroces (1). »

Mais pas plus que l'avarice « conquérante », il ne faut admettre l'avarice conservatrice. Il ne doit pas être permis de constituer par l'épargne une réserve financière. « Ce trésor ruinerait infailliblement l'esprit d'économie qui l'aurait formé..... Un trésor exposerait à de grandes tentations ceux qui en auraient l'administration ; ils succomberaient, et pour cacher leurs fraudes envelopperaient de ténèbres les affaires de la République. Si par hasard il était gardé par des mains pures, l'Etat aurait bientôt de l'ambition ; en faisant des entreprises au-dessus de ses forces, ses revenus ordinaires ne lui suffiraient plus ; il faudrait établir un crédit public, et ce crédit qu'on regarderait comme un bien, ne tarderait pas à vous faire tomber dans une extrême langueur, et d'autant

---

(1) *Gouvernement de Pologne*, Partie II, xiv, p. 94. — *Législation*, Partie I, ii, 1, p. 145.

plus fâcheuse qu'on s'apercevrait trop tard des inconvénients pour pouvoir y remédier (1). » Si donc, toutes dépenses payées, il reste dans la caisse de l'Etat des sommes surabondantes, la puissance législative les emploiera sur le champ à construire des ouvrages publics ou à faire des établissements utiles.

Reste à examiner par quelle voie l'Etat se procurera des ressources.

A la différence de Rousseau, Mably se montre opposé à la constitution d'un domaine public. Assigner des terres à l'Etat, dit-il, c'est exposer les magistrats à la tentation de passer des marchés frauduleux avec les fermiers. Ou bien l'adjudication sera faite par un conseil, et ce conseil sacrifiera l'Etat à ses protégés. Ou bien ce sera l Assemblée qui en décidera, et qui nous répond dans ce cas que les députés déguisés sous des noms d'emprunt, ne deviendront pas les fermiers de la République. Pour établir cet abus, à combien de faussetés et d'intrigues n'aura-t-on pas recours ? Et quand une fois il sera établi, le grand intérêt des fermes sera l'âme de toutes les sessions. Du reste le produit des terres ainsi affermées restera toujours inférieur à ce qu'il devrait être. Et enfin' les revenus variant avec les années, l'Etat se trou-

---

(1) *Gouvernement de Pologne*, Partie II, xiv, p. 97.

vera tantôt riche et tantôt pauvre, et les administrateurs profiteront de cette incertitude pour pêcher, comme on dit, en eau trouble (1). »

Il vaut mieux demander aux contributions des citoyens les sommes nécessaires pour l'acquittement des dépenses. Avec ce système, l'Etat apportera certainement plus de soin à l'administration des finances. Mais le législateur doit se garder d'établir jamais d'autre impôt qu'un impôt direct sur les terres (2). « Je ne fais pas cette demande, dit Mably, parce que toute autre imposition est plus onéreuse au peuple, et qu'il est prouvé que tous les droits levés d'une autre manière retombent toujours sur les propriétaires des terres. Ces

---

(1) *Législation*, Part. II, III, 3, p. 77. — *Gouvernement de Pologne*, Part. II, XIV, projet pour la vente des starosties. — Le Trosne (*Ordre social*, discours IV, note 6), combat également l'institution du domaine public par des arguments « physiocratiques ». Le souverain, dit-il, « est hors d'état de veiller par lui-même aux détails économiques de son patrimoine, et les dépenses qu'exige la société ne lui permettent guère de verser à la terre une partie de son revenu. Ses domaines seront donc toujours négligés et de peu de rapport, les dépenses foncières seront épargnées, et les frais de régie dont la terre ne profite pas absorberont une partie du produit. »

(2) Cependant dans le *Gouvernement de Pologne*, Mably substitue à l'impôt foncier un impôt sur le timbre et quelques droits sur la consommation des villes, mais c'est parce que ces taxes sont moins lourdes à la noblesse qui

beaux raisonnements me touchent peu ; mais ce qui me touche, c'est que des hommes qui n'ont rien soient soumis à quelque tribut ; c'est qu'il est injuste qu'après avoir sacrifié mes bras, mon travail, mes sueurs à l'Etat, il reprenne, par un tour de passe-passe, une partie du salaire que j'ai reçu pour cultiver ou pour défendre des terres où je ne possède rien. Cette injustice me rendra ma patrie moins chère, et conduit à la mendicité qui est le dernier des opprobres pour les hommes. Remarquez que l'imposition directe sur les terres avertit sans cesse le gouvernement et les citoyens de leurs besoins mutuels ; au contraire l'imposition indirecte laisse aux magistrats mille prétextes et mille moyens artificieux pour satisfaire leurs passions et tromper les peuples (1). »

On peut se demander pourquoi, puisque l'argent expose à de tels dangers, puisqu'il corrom t presque fatalement ceux qui le manient, Mably ne prononce pas contre lui une condamnation absolue? Rousseau l'avait fait sans hésiter dans son apologie des corvées ; il avait vu dans le remplacement des taxes en argent par les services corporels un remède à tous les maux qu'il crai-

---

possède toutes les terres et qu'il faut affectionner à la réforme.

(1) *Législation*, Part. I, ii, 1, p 135.

gnait. Mably pense différemment. Il admet bien que la corvée constitue en soi un mode d'imposition préférable, et qu'au lieu d'exiger de l'argent, le législateur n'aurait jamais dû demander que des services. Mais si cet idéal peut être aisément réalisé sous un régime de communauté des biens, il en va différemment depuis l'établissement de la propriété. « Dans la situation où la propriété des biens a réduit les sociétés, on ne fait rien pour rien ; l'Etat doit donc avoir des revenus pour payer les travaux ou les services publics. S'il exige des corvées, il sera mal servi, et il en naîtra chaque jour mille injustices criantes (1). »

Voilà la seule différence essentielle qui sépare Mably de Rousseau sur la question des impôts, et ce n'est qu'une différence secondaire, contingente, une règle d'opportunité, une question d'application pratique. Sur le fond des choses, leurs idées se rencontrent. Tous deux sont également persuadés qu'un législateur agira sagement en supprimant, si possible, ou du moins en réduisant au minimum indispensable l'emploi de l'argent dans le gouvernement de la cité ; tous deux développent à l'appui de cette théorie les mêmes arguments, l'un plus particulièrement socio-moral, l'autre plus exclusivement politique. Certainement les désordres finan-

(1) *Législation*, Partie II, III, 3, p. 76.

ciers de l'Ancien Régime n'ont pas été étrangers à l'origine de leurs conceptions. Le poids écrasant des charges et les exemptions injustifiées, la complication des taxes et leur assiette arbitraire, les rigueurs de la perception (1), les abus du système des fermes, des croupes, des parts d'intérêt, les vols, les gaspillages, l'absence de contrôle sérieux, tout cet ensemble s'exagèra aux yeux de Mably et de Rousseau pour faire de la matière des finances un labyrinthe semé de coupe-gorge. Leur défiance à l'égard de l'argent n'est sans doute pas un fait isolé dans la seconde moitié du XVIII° siècle ; mais chez personne autre, elle n'a été portée à ce point ; c'est que chez personne non plus elle n'avait été de la même façon nourrie, entretenue et fortifiée par les déclamations des philosophes moralistes de l'antiquité.

---

(1) Nous ne faisons que rappeler l'histoire bien connue du paysan de Rousseau (*Confessions*, livre IV.

CHAPITRE III

LA MILICE DANS JEAN-JACQUES ROUSSEAU ET MABLY

Dans l'opinion de Rousseau et de Mably, la pauvreté d'un peuple n'est pas seulement la meilleure garantie de son bonheur, elle constitue aussi sa plus grande force. Après avoir examiné la cité en elle-même, dans sa constitution et dans son fonctionnement intérieurs, considérons la au point de vue de ses relations avec l'étranger. L'état de nature domine encore les rapports de peuple à peuple ; aucun tribunal supérieur n'a le droit d'évoquer à sa barre les litiges internationaux. Les différents qui divisent les Etats ne peuvent être tranchés que par les armes. Or, la guerre nécessite des frais considérables, et Rousseau ne l'ignore pas. Dans l'article sur l'*Economie politique* (1), il signale au contraire les dépenses militaires comme la raison première de l'augmentation des impôts. Les inventions modernes ont amené l'emploi de

---

(1) Edit., 1824, p. 53.

l'artillerie ; les frais d'outillage et de fortifications se sont accrus. Pour tenir garnison dans les places, il a fallu des troupes réglées. Ces dangereux établissements ne vont à rien moins qu'à ruiner l'Europe par les charges qu'ils engendrent et le dépeuplement du pays (1).

Mably, dans ses *Principes des négociations* et dans son *Droit public fondé sur les traités* pro-

(1) Montesquieu, *Esprit des lois,* liv. XIII, ch. XVII : « Une maladie nouvelle s'est répandue en Europe ; elle a saisi nos princes, et leur fait entretenir un nombre désordonné de troupes... Chaque monarque tient sur pied toutes les armées qu'il pourrait avoir si ses peuples étaient en danger d'être exterminés ; et on nomme paix cet état d'effort de tous contre tous. Aussi l'Europe est-elle si ruinée, que les particuliers qui seraient dans la situation où sont les trois puissances de cette partie du monde les plus opulentes, n'auraient pas de quoi vivre. Nous sommes pauvres avec les richesses et le commerce de tout l'univers ; et bientôt à force d'avoir des soldats, nous n'aurons plus que des soldats, et nous serons comme les Tartares. » En note : « Il ne faut pour cela que faire valoir la nouvelle invention des milices établies dans presque toute l'Europe, et les porter au même excès que l'on a fait les troupes réglées. » - *Voltaire à Thiriot,* 31 janvier 1761 (Corr. gén., éd. Renouard, t. VI, p. 42 : « Je persiste toujours dans mon opinion sur les finances. Il y a eu beaucoup de dissipations et de brigandages, mais quand on a contre les Anglais une guerre si funeste, il faut, ou que toute la nation combatte, ou que le moitié de la nation s'épuise à payer la moitié qui verse son sang pour elle. » — Voir aussi Le Trosne, *De l'Ordre social*, p. 370 et suiv.

digue les mêmes plaintes et les mêmes menaces. Ancien secrétaire du cardinal de Tencin, instruit des dessous de la politique de son temps, il ne se lasse pas de reprocher aux Etats modernes la perfidie de leur ambition, leurs plans de rapines et de conquêtes. Depuis la Renaissance, dit-il, les princes disposant de ressources plus considérables, grâce au développement du commerce maritime et à la découverte des mines d'or du Nouveau-Monde, se sont occupés sans relâche à augmenter l'effectif de leurs armées. Il y a eu entre les Etats une sorte d'émulation, à qui aurait le plus de soldats et pour cela le plus de richesses (1). L'argent fut regardé dès lors comme le nerf de la guerre ; il tenait lieu de tout, il était tout, parce qu'avec lui on se procurait des hommes. Mais cette « bouffissure » n'était qu'un symptôme de maladie et le signe d'une prochaine défaillance. « Je ne crains point d e me tromper en avançant que l'ambition parmi les Européens, loin de conduire un peuple à la monarchie universelle, doit hâter

---

(1) Selon A. Smith, ce serait surtout pour subvenir aux besoins des armées en pays étranger que les gouvernements se seraient tant préoccupés d'accumuler de l'argent en temps de paix. Ces campagnes entraînent en effet l'exportation d'une grande quantité de numéraire. Smith montre qu'il suffit d'avoir d'abondantes disponibilités de change, ce qui exige du reste, comme dans le premier cas, une balance du commerce favorable.

sa décadence. Quel Etat en effet n'est pas accablé du poids des dettes que la guerre l'a obligé de contracter ! Le plus obéré, c'est celui qui a fait les plus grandes entreprises. Quelques princes ont reculé leurs frontières ; mais ont-ils accru leurs forces en agrandissant leur territoire ? Il n'y a point de nation en Europe qui ne trouve son véritable avantage à cultiver soigneusement la paix ; si elle fait la guerre pour un autre objet que sa défense, elle va contre ses intérêts ; et un peuple qui ne les consulte pas dans chacune de ses entreprises, quel bonheur peut-il se promettre?... Qu'on examine la situation actuelle de l'Europe, et on remarquera que les raisons qui défendaient à Charles-Quint et à ses successeurs de vouloir être conquérants, se sont beaucoup multipliées depuis un siècle. La guerre, en troublant le commerce, tarissait les ressources de l'industrie, et exigeait cependant des dépenses toujours plus considérables. Il arriva de là que les subsides ordinaires que les Princes levaient sur leurs sujets ne suffirent plus à leur ambition. Ils voulurent établir de nouveaux impôts ; on murmura. Ils méprisèrent d'abord les plaintes ; mais craignant enfin un soulèvement général, ils eurent recours à une opération pernicieuse de finance : ils firent des emprunts considérables ; et faute d'économie et de prévoyance, on ne songea point à amortir pendant la paix les dettes occasionnées par la guerre (1). »

Sans doute, il y eut jadis un Etat qui s'enrichit par la guerre : c'est Rome (2). Mais la république romaine faisait la guerre sans frais. « Jusqu'au siège de Véies, elle ne donna point de paie à ses soldats, parce que les expéditions étaient courtes... Quand les vues des Romains s'agrandirent, la guerre, pour me servir de l'expression de Caton, nourrissait encore la guerre. Les armées, accoutumées à une extrême frugalité, vivaient aux dépens des ennemis ; et comme les entreprises étaient plus importantes, le butin fut aussi plus considérable. La guerre tenait lieu chez les Romains de cette industrie, de ce commerce, de ces arts, de cette économie qui sont les seules sources de la richesse des peuples modernes. Le citoyen trouvait un avantage particulier à être soldat, et les soldats seuls entretenaient l'abondance à Rome par leurs victoires ; la république ne devait donc faire la paix avec un de ses voisins, que pour tourner l'effort de ses armes contre un autre. Aujourd'hui que par une suite de l'administration établie chez les puissances de l'Europe, toutes les

---

(1) *Observations sur les Romains*, p. 290. — *Des principes des Négociations*, Part. I, p. 45.

(2) Voyez Montesquieu, *Considérations sur les causes de la grandeur des Romains et de leur décadence*, ch. I.

richesses de l'Etat sont entre les mains d'un petit nombre d'hommes, que le reste ne subsiste que par industrie, et que les citoyens, nobles, magistrats, soldats, commerçants, laboureurs ou artisans, forment des classes différentes dont les intérêts sont opposés, ou du moins différents, comment serait-il possible de leur rendre la guerre également avantageuse ? Elle doit être un fléau pour toutes les nations ; sans enrichir les armées mêmes, elle appauvrit tous les citoyens dont elle ruine l'industrie et suspend le commerce, tandis qu'ils sont obligés de payer des subsides plus considérables. Le gouvernement retenu par les murmures du peuple, et qui, de jour en jour, perçoit les impositions avec plus de difficulté, se trouve donc enfin dans l'impuissance de poursuivre ses entreprises ; et les sujets, accablés des maux de la guerre, n'aiment et ne désirent que la paix (1). »

En réalité, les peuples modernes, avec leur manie de faire trop grand, se sont enfermés dans un cercle vicieux : ils veulent être conquérants, et font des conquêtes à leurs dépens. « Avec nos grandes armées, il faudrait aujourd'hui conquérir des Royaumes entiers pour se dédommager des dépenses de la guerre. Les finances du Prince

---

(1) *Observations sur les Romains*, p. 286 et suiv. — *Principes des Négociations*, Part. I, p. 46.

sont épuisées en deux ou trois campagnes... Quelle Puissance serait encore en état de soutenir une guerre de trente ans ? » Aussi qu'arrive t-il ? C'est que « nos guerres trop courtes n'ont pas une certaine proportion avec nos passions. On fait la paix, tandis que l'aigreur et la vengeance subsistent encore tout entières dans les esprits, et avant que l'ambition ait pu être corrigée par une longue suite d'expériences. Aussi nos paix perpétuelles ne sont-elles que des trêves passagères, et nos traités, au lieu de terminer les affaires, ne produisent souvent que de nouvelles divisions (1). »

Mably conjure donc les peuples de renoncer à cette politique de jalousie et de défiance qu'ils suivent les uns à l'égard des autres. Quel avantage un Etat trouve-t-il à se mêler des affaires de ses voisins ? Il prétend jouer le rôle de redresseur de torts ? Beau prétexte ! Toutes ces raisons ne sont qu'un masque qui cache l'ambition de s'agrandir aux dépens d'autrui. Les relations des peuples devraient être dominées par la justice. La nature n'a pas fait les hommes pour qu'ils se déchirent. Les sociétés ont le même besoin de s'entraider que les individus. Il n'y a point d'Etat à qui ne soit nécessaire l'amitié des autres Etats. Regardons, si l'on veut, l'amour de la patrie comme une vertu,

(1) *Principes des Négociations*, Part. I, p. 51.

mais à la condition de le subordonner toujours à l'amour de l'humanité. Platon trouvait honteux que des villes grecques fussent réduites en servitude par des Grecs. « Ce qu'il dit des Grecs, je voudrais que le Législateur le dit de tous les hommes; car la terre entière est notre patrie commune, comme la Grèce l'était des Grecs (1). »

Les guerres de conquête ont du reste par elles-mêmes un inconvénient assez grave pour qu'un sage législateur les proscrive par ce seul motif : elles altèrent la pureté des mœurs publiques et faussent les ressorts du gouvernement. L'exemple de Rome le prouve (2). La célérité avec laquelle les peuples courent à leur ruine quand leurs armées ont vaincu des provinces riches, nous apprend que l'ambition détruira toujours la grandeur qu'elle a élevée. L'avarice finira tôt ou tard par se greffer sur l'ambition même la plus désintéressée; une fois excitée par le contact avec l'étranger, elle entraînera la disparition des vertus qui font le bonheur des citoyens et la stabilité

---

(1) *Législation*, Part. I, ii, 3, p. 211-216. — *Entretiens de Phocion*, Part. II, p. 9-10.

(2) Montesquieu s'était déjà appuyé sur l'histoire romaine pour démontrer que les grandes conquêtes sont une folie. V. H. Barckhausen, *Montesquieu et les Considérations sur la grandeur des Romains*, *Revue de Droit public et de Science politique*, juillet-août 1900.

des gouvernements (1). Et même quand l'Etat se contenterait de mettre la main sur des provinces pauvres, aucun bien ne peut résulter de cette annexion. Car plus un Etat est étendu, plus son administration devient difficile et plus les abus s'y glissent aisément. Si Mably n'a jamais cru que le régime municipal préconisé par Rousseau fut le seul compatible avec un bon gouvernement, il a toujours pensé cependant qu'une trop grande superficie de territoire rend ce gouvernement périlleux, et qu'il y a des charges si lourdes qu'elles passent les forces humaines (2). Qui-

(1) *Législation*, Part. I, ii, 3, p. 202 s.

(2) *Législation*, Part. II, iii, 1, p. 39 et suiv. Le remède à l'étendue trop considérable des Etats est indiqué p. 53. « Quelque vaste cependant que soit un Empire, le nombre ni l'étendue de ses provinces n'opposent pas à la politique des obstacles insurmontables, soit qu'on veuille le réformer, soit qu'on veuille simplement y conserver le bon ordre. Les hommes ont partout la même raison, les mêmes besoins, les mêmes qualités sociales, et le principe des mêmes passions : voilà un grand point de réunion Un législateur habile, en ne donnant à différentes provinces que les mêmes Lois, le même gouvernement et le même intérêt, peut n'en former qu'un seul Etat, dont les ressorts et les mouvements seront réguliers. A force d'Art, il peut opposer aux abus qui naissent dans une société étendue des Magistrats aussi vigilants que ceux d'une petite République. Il ne faut, pour réussir dans cette entreprise, que décomposer, pour ainsi dire, un Etat, et faire de toutes ses provinces autant de Républiques fédératives. Leur union fera leurs forces au

conque a pris soin de former une « République éternelle » ne doit donc pas lui permettre d'être ambitieuse. Le législateur défendra expressément de faire la guerre dans le but de s'agrandir. « La guerre offensive doit être regardée par le Législateur comme un crime (1). »

Dans Rousseau, nous trouvons la même condamnation prononcée, non pour la raison d'un cosmopolitisme humanitaire avec lequel le patriotisme est inconciliable (2), mais parce que l'exer-

---

dehors, et la médiocre étendue de leur territoire fera leur sûreté au dedans. » Voir également sur cette question de l'étendue des Etats dans Mably : *Observations sur l'histoire de France*, t. II, p. 155 (éloge de Charlemagne), t. v. p. 103 (expédition de Charles VIII en Italie). *Observations sur l'histoire de la Grèce*, p. 23. *Observations sur le gouvernement des Etats-Unis,* lettre I, p. 7, 8. *De l'étude de l'histoire*, Part. III, p. 333.

(1) *Législation*, Part. I, ii, 2, p. 208. — *Observations sur l'histoire de Grèce*, p. 32, 33.

(2 *Emile*, p. 8. « Toute société partielle, quand elle est étroite et bien unie, s'aliène de la grande, tout patriote est dur aux étrangers : ils ne sont qu'hommes, ils ne sont rien à ses yeux. Cet inconvénient est inévitable, mais il est faible. L'essentiel est d'être bon aux gens avec qui l'on vit. » On sait du reste que Rousseau reproche au christianisme d'être une religion universelle, et, comme telle, « d'inspirer l'humanité plutôt que le patriotisme, et de tendre à former des hommes plutôt que des citoyens. » (*Lettres écrites de la Montagne,* Part. I, p. 214. — *Contrat social*, chapitre De la religion civile). Ce qui n'empêche pas

cice du gouvernement direct suppose la cité limitée aux bornes d'une seule ville, elle-même faiblement peuplée (1). « Quiconque veut être libre ne doit pas vouloir être conquérant. Les Romains le furent par nécessité, et, pour ainsi dire, malgré eux. La guerre était un remède nécessaire au vice de leur constitution. Toujours attaqués et toujours vainqueurs, ils étaient le seul peuple discipliné parmi les barbares, et devinrent les maîtres du monde en se défendant toujours » (2).

La petite cité de Rousseau ne suivra donc point une politique agressive. Mais elle doit être en mesure de résister aux attaques de ses voisins.

la vie humaine d'avoir un prix infini. « A mon avis, le sang d'un seul homme est d'un plus grand prix que la liberté de tout le genre humain... Rien ici-bas ne mérite d'être acheté au prix du sang humain » (Lettres DCCXXII du 27 septembre 1766, et DCCCXI, du 29 janvier 1768).

(1) *Contrat social*, liv. III, ch. xiii. « L'autorité souveraine est simple et une, et l'on ne peut la diviser sans la détruire. En second lieu, une ville, non plus qu'une nation, ne peut être légitimement sujette d'une autre, parce que l'essence du corps politique est dans l'accord de l'obéissance et de la liberté, et que ces mots de *sujet* et de *souverain* sont des corrélations identiques dont l'idée se réunit sous le seul mot de citoyen ». — *Ibid.*, ch. xv. « Tout bien examiné, je ne vois pas qu'il soit possible au souverain de conserver l'exercice de ses droits, si la cité n'est très petite. »

(2) *Gouvernement de Pologne*, ch. xii, p. 397.

De là, la seconde partie du problème : Comment donner aux petits Etats assez de force pour se défendre contre les grands ? Rousseau imagine à cet effet deux moyens : 1° le système des confédérations. Chaque cité formera avec ses voisines une ligue défensive. Ce procédé réunit les avantages des grands et des petits Etats (1). C'est grâce à lui que les villes grecques résistèrent jadis à l'invasion des Perses, et plus récemment la Suisse et les Pays-Bas aux efforts de la maison d'Autriche (2). — 2° L'institution du soldat citoyen. « L'Etat ne doit pas rester sans défen-

---

(1) Montesquieu, *Esprit des lois*, liv. IX, ch. i : « La république fédérative, capable de résister à la force extérieure, peut se maintenir dans sa grandeur sans que l'intérieur se corrompe; la forme de cette société prévient tous les inconvénients. » — Voir aussi Machiavel, *Discours sur Tite-Live*, liv. II, ch. iv.

(2) *Contrat social*, liv. III, ch. xiii. — Dans la brochure qu'il publia à Lausanne en 1790, sous ce titre : *Quelle est la situation de l'Assemblée nationale ?* (in-8° de 60 pages), d'Antraigues, député à l'Assemblée, alors émigré, raconte que J.-J. Rousseau lui avait confié un manuscrit de 32 pages où il avait tracé le plan et posé les bases d'un ouvrage sur les confédérations. Sur le conseil d'un de ses amis, d'Antraigues crut devoir brûler ce manuscrit, dans la crainte qu'on ne fît un mauvais usage « des idées sublimes du génie qui l'avait composé. » Voir l'*Essai sur le système de politique étrangère de J.-J. Rousseau : La République confédérative des petits Etats*, par J.-L. Windenberger, Paris, Picard, 1900.

seurs, je le sais ; mais ses vrais défenseurs sont ses membres. Tout citoyen doit être soldat par devoir, nul ne doit l'être par métier. Tel fut le système militaire des Romains ; tel est aujourd'hui celui des Suisses ; tel doit être celui de tout Etat libre » (1).

Cette seconde idée n'est pas personnelle à Rousseau. Elle lui est si bien commune avec Mably que celui-ci l'exprime en termes identiques. « Tout peuple qui veut être libre doit adopter la méthode des Suisses qui, sans troupes réglées et ramassées de toutes parts, ne distinguent point leurs citoyens de leurs défenseurs » (2).

Replaçons ces opinions dans leur milieu. De tout temps, la question de la composition des armées a partagé praticiens et théoriciens en deux écoles : les uns sont partisans des troupes réglées, des soldats de métier ou de carrière ; les autres tiennent pour une organisation où les citoyens convoqués en cas de nécessité seraient obligés de répondre personnellement à l'appel. Sans remonter à l'antiquité qui a connu successivement ou simultanément l'un et l'autre système (3), nous rappellerons que sous les Méro-

---

(1) *Gouvernement de Pologne*, ch. XII, p. 398.

(2) *Législation*, part. II, III, 3, p. 81.

(3) Voir par exemple : C. Lamarre, *De la milice romaine depuis la fondation de Rome jusqu'à Constantin*. Paris, 1863.

vingiens et les Carolingiens, le service militaire était dû par tous les hommes libres, à leurs frais, et que sous la féodalité, le service d'ost, limité du reste le plus souvent en durée et en étendue territoriale, constituait le premier devoir du vassal. Plus tard, le principe de l'obligation s'affaiblit. Le développement du pouvoir royal, l'agrandissement de l'Etat, la longueur et l'éloignement des campagnes, amènent le remplacement du service personnel par le service en argent. Les rois préfèrent avoir des armées à eux, qu'ils commandent directement, et paient avec le produit du rachat du service (1). Exceptionnellement, en cas d'insuffisance du recrutement par enrôlement volontaire, on exige le service personnel par (exemple, en 1304, après Poitiers ; en 1355-6, tous les hommes valides reçoivent l'ordre de s'armer pour la défense du sol). En 1448, Charles V ajoute à ses bandes de mercenaires écossais, lombards, espagnols, une réserve de francs-archers recrutés par enrôlement forcé. L'institution a peu de succès, bien

— H. Dansin, *De mercenariis militibus apud antiquas Græciæ civitates a bello Peloponnesiaco usque ad Lamaci belli exitum*, Argentorati, 1857.

(1) Au XIVe siècle, la levée en masse n'est qu'un moyen de battre monnaie. Mais déjà Philippe-Auguste a des compagnies d'aventuriers, routiers ou cotteraux (en Italie, condottieri) allemands, espagnols, flamands, etc.

qu'on la voie reparaître à intervalles irréguliers sous Charles VIII, Louis XII et pendant la première guerre entre François Ier et Charles-Quint. Le fond des armées reste composé de volontaires soldés qui forment les compagnies d'ordonnance et l'infanterie française, suisse ou allemande. Mais, à l'époque de la Renaissance, des considérations d'ordre pratique (importance croissante de l'infanterie (1), inconvénients inhérents aux troupes étrangères), et l'enthousiasme pour l'antiquité mise à la mode par les érudits (2), ramènent les esprits à l'idée du service militaire national.

Machiavel le premier propose le rétablissement de la conscription antique *(Livre du Prince, Discours sur Tite-Live).* Il a en France de nombreux imitateurs (3). On s'inspire de l'organisation

(1) Due à l'invention de la poudre et à l'affranchissement des communes et des petits Etats suisses, italiens, hollandais.

(2) J. Gebelin, *Quid rei militaris doctrina renascentibus litteris antiquitati debuerit.* Burdigalœ, 1881.

(3) *Le Rosier des guerres compilé par le feu Roy loys unziesme de ce nom*, Paris, 1521. « Plus proffitable chose est apprendre les siens à le usage des armes que loüer les estrangiers, pour soy servir en guerre. Encore plus proffitable et plus seure chose est de bailler la garde de ses cités, villes et chasteaulx à ceux qui y ont leurs biens meubles et immeubles, que aux estrangiers, qui ne y ont riens, et qui ne y auroient quelque dommage ou interest, si les ennemis y entroient. » — *Instructions sur le faict de la guerre,* Paris,

romaine; les rois font revivre le nom des légions, et cherchent à ressuciter l'institution. Mais ces tentatives, peu sérieusement poursuivies, échouent, ainsi que les efforts de François Ier et de ses successeurs pour reconstituer l'arrière ban noble. Celui-ci disparaît définitivement au xviie siècle (1674-1689). Par contre l'importance des milices devient plus grande. L'étendue des opérations militaires, l'augmentation des effectifs forcent à combler les vides des armées au moyen de contingents fournis par l'enrôlement forcé. On le pratique beaucoup pendant la guerre de Trente ans (par

---

1548. « Et ne seroit chose non plus à mépriser, que à l'imitation de la loy Romaine, tous honneurs des gouvernemens des villes fussent deffenduz à ceux qui ne serviroient le Roy en guerre, et limiter cinq ans de bon et honorable service à ceux qui y aspireroient. » — Montluc, *Commentaires*, éd. Michaud, p. 22. « Le roy François dressa des legionnaires; qui fut une très belle invention..., car c'est le vray moyen d'avoir toujours une bonne armée sur pied comme faisoient les Romains, et de tenir son peuple aguerry... Si aymerois je mieux me fier aux miens qu'aux estrangiers. » — *Institution de la Discipline militaire au Royaume de France*, Lyon, 1559. — *Discours politiques et militaires du seigneur de la Noüe*, Bâle, 1587. — *Discours sur la castramétation et discipline militaire des anciens Romains*, par Guillaume du Choul, Lyon, 1555. — P. Rami *liber de Cæsaris militia*, Parisiis, 1559. — *La Nouvelle Milice*, Paris, 1590. — *La Milice françoise, réduite à l'ancien ordre et discipline militaire des Légions*, par Messire Louys de Montgomery, Rouen, 1602, Paris, 1610.

exemple, en 1636, après la prise de Corbie par les Impériaux). Mais, jusqu'à la guerre de la ligue d'Augsbourg, aucune règle fixe ne préside au recrutement, à la forme ou à la durée du service. C'est l'ordonnance du 29 novembre 1688, œuvre de Louvois, qui fait des milices, désormais dites provinciales (1), une institution générale et permanente. Les régiments de milice sont employés comme réserves ou troupes d'arrière, et aussi en première ligne aux armées de Catalogne et des Alpes. Licenciées à la paix de Ryswick, reconstituées pour la guerre de succession d'Espagne, le 26 janvier 1701, les milices sont dès lors assimilées aux troupes réglées et finalement se confondent avec elles. Une ordonnance du 26 février 1726 les transforme en une armée auxiliaire organisée par bataillons régionaux en temps de paix, formée par régiments en temps de guerre.

Nous n'avons pas ici à exposer l'organisation spéciale des milices françaises (2). Remarquons

---

(1) Cependant, à côté des milices provinciales, il y avait, surtout dans les provinces frontières, des milices locales (petite milice du Dauphiné, miquelets du Roussillon, troupes béarnaises, boulonnaises, milices catholiques du Languedoc).

(2) Pour tout ce qui est relatif au recrutement, à l'organisation, ainsi qu'au rôle joué par les milices V. Gebelin : *Histoire des Milices provinciales (1688-1791). Le tirage au sort sous l'ancien régime*, Hachette, 1882.

seulement que leur création fut rendue nécessaire par l'accroissement général des forces militaires. A la même époque, l'Espagne, le Portugal, le Piémont, les Etats du Nord, Angleterre, Danemarck, Suède, Norwège, Russie possèdent des milices ; en Autriche, on crée des confins militaires. Frédéric-Guillaume I*er*, en Prusse, applique l'enrôlement forcé à titre constant au recrutement des troupes réglées. Ce qui nous intéresse davantage, c'est de savoir ce que les hommes du XVIII*e* siècle ont pensé de cette institution. Nous laissons de côté le sentiment populaire, l'effroi des campagnes, l'impopularité du système due à l'arbitraire, aux mauvais traitements, à la longue incertitude qui laissait le miliciable exposé aux chances de chaque tirage, à la répugnance instinctive pour le service militaire, à la disparition de toute conception élevée, de tout sentiment du devoir étouffés dans l'âme du peuple par les inégalités sociales (1). Mais sur la question de l'enrôlement forcé, sur celle de la composition des forces militaires tout entières, le débat s'engage très vif dans le monde militaire et économiste.

Les économistes, considérant le dommage causé aux forces productives et les dépenses occasion-

---

(1) *Tableau de Paris*, t. II. « Le mot de Patrie n'a aucun sens pour eux. »

nées, regardent la milice comme le fléau des campagnes. Leur avis est qu'il faut autoriser l'usage de la cotisation et du remplacement (1), et, sinon changer complètement le mode de recrutement, du moins établir un large système d'ex·mptions en faveur des laboureurs et de tous ceux dont la profession importe plus à l'Etat, selon eux, que celle de soldat. Turgot, Dupont de Nemours, Necker, Condorcet rejettent le système de l'enrôlement forcé. Turgot voit dans le principe du service obligatoire une simple formule de rhétorique, et dans la *lettre à Monteynard* (2), il appuie son opinion sur cet argument peu démocratique : « Puisqu'un simple soldat, par une suite de la constitution des troupes et de l'espèce d'hommes dont elles sont composées, par la modicité de sa

(1) La cotisation des miliciables (mise au chapeau ou bourse) et le remplacement étaient prohibés en principe, en vue de ménager les ressources des particuliers et des paroisses, ainsi que pour rendre moins difficile et moins onéreux au Trésor le recrutement des troupes réglées par enrôlements volontaires. Turgot, adversaire du service obligatoire, autorisa la cotisation en Languedoc (Neymarck. *Turgot et ses doctrines,* t. I, p. 92), et la sévérité du gouvernement finit par se relâcher.

(2) Turgot, *Lettre à M. de Monteynard* (8 janvier 1773), édit. Guillaumin, t. II, p. 115-129. — Quand on sait dans quelle classe d'individus se recrutait l'armée de l'Ancien-Régime, dans quel état d'abjection vivait le soldat, les idées de Turgot s'expliquent tout naturellement.

paie, par la manière dont il est nourri, vêtu, couché, par son extrême dépendance, enfin par le genre de sociétés avec lequel il peut vivre, est nécessairement placé dans la classe de ce qu'on appelle le peuple, il est évidemment impraticable, il paraîtrait dur, injuste, barbare, de réduire à cet état un homme né dans un état plus élevé, accoutumé à toutes les douceurs attachées à la jouissance d'une fortune aisée, et à qui une éducation libérale a donné des mœurs, des sentiments, des idées inconciliables avec les mœurs, les sentiments et les idées de la classe d'hommes dans laquelle on le ferait descendre. » Condorcet déclare également « inapplicable aux nations modernes la maxime des anciens peuples qui appelait tous les citoyens à la défense de la patrie (1) » ; l'enrôlement forcé est un système barbare, condamné a disparaître : le soldat qui sert par force n'est jamais qu'un mauvais soldat.

Cette dernière opinion est également celle de plusieurs chefs militaires. Noailles, Chevert, Saint-Germain (2), ont très mauvaise idée de la

(1) *Vie de Turgot*, édit. de Londres, (1786), p. 46.

(2) Les milices, dit Saint-Germain, ne devraient être que des classes de cinq cents hommes pour autant de régiments d'infanterie qu'il y en a. Elles ne seraient pas exercées en temps de paix, et n'auraient même pas de cadres, de façon à ne rien coûter à l'Etat. Le jour d'une guerre importante,

milice. Tout en reconnaissant qu'elle supplée à l'insuffisance des enrôlements volontaires, qu'elle constitue une réserve qui rend les troupes réglées disponibles pour le service actif en temps de guerre et qui pendant la paix ne coûte rien au Trésor, ils se plaignent de son inexpérience et de son manque de solidité. Par contre, des Pommelles, s'appuyant sur les actions d'éclat des grenadiers royaux tirés des milices, invoque leur exemple en faveur du service militaire obligatoire (1). Le marquis de Puységur, le baron d'Espagnac, les auteurs militaires qui ont travaillé à l'Encyclopédie, le prince de Montbarey (2) se

on tirerait au sort dans chaque classe une compagnie de cent hommes, que l'on pourvoierait d'officiers et de bas-officiers. Les hommes de ces compagnies, une fois instruits, serviraient à combler au fur et à mesure les vides des régiments, lorsqu'on ne pourrait pas réparer les pertes subies d'une autre manière. Les compagnies seraient elles-mêmes complétées immédiatement par l'appel de nouvelles recrues, et constitueraient ainsi une pépinière d'hommes déjà à moitié formés (*Mémoires de M. le comte de Saint-Germain.* A Amsterdam, chez Marc-Michel Rey, 1779, p. 167-168.) On sait que Saint-Germain supprima, lors de son passage au ministère, les assemblées périodiques de la milice.

(1) Chevalier des Pommelles, *Mémoire sur les milices*, 1789, in-4°. — *Mémoires sur la nécessité de troupes provinciales ou d'une armée auxiliaire permanente ; sur le mode de formation et de recrutement de l'armée auxiliaire*, 1790, in-8°

(2) Marquis de Puységur, *Art de la guerre*, Paris, 1748, 2 vol. in-f°. — Prince de Montbarey, *Mémoires*, III, 298.

rangent dans le même parti, et, sans entrer dans l'examen particulier des milices françaises, Maurice de Saxe, dont nous verrons Mably se réclamer, demande à ce que tout homme soit tenu de porter les armes pendant cinq ans ; il n'exempte personne de cette obligation, et y soumet même de préférence les riches et les nobles : « Alors ceux qui auraient servi leur temps verraient avec mépris ceux qui répugneraient à cette loi, et insensiblement on se ferait un honneur de servir ; le pauvre bourgeois serait consolé par l'exemple du riche, et le riche n'oserait se plaindre voyant servir le noble (1). » Peu à peu, l'idée du service universel pénètre les esprits. On fait du principe d'une armée nationale un moyen d'opposition à la monarchie, au profit de laquelle s'applique l'enrôlement volontaire. On rêve d'appeler tous les Français aux armes pour sauvegarder la liberté civique et l'indépendance extérieure. L'expression de soldat-citoyen se généralise ; on l'étale, on la répète avec une sorte d'affectation. Malzet et Servan composent deux ouvrages sous ce titre (2),

---

Paris, 1826. — En sens contraire, Christian de Wimpfen, dans ses *Commentaires des Mémoires de M. le comte de Saint-Germain*, Londres, 1781, p. 202.

(1) *Mes Rêveries*, I, 9. — V. aussi, d'Argenson, *Mémoires*, t. V, p. 380.

(2) Jacques de Malzet, *Le Militaire citoyen*. Amsterdam et

et il n'est pas jusqu'aux traités techniques d'art militaire qui ne louent la réforme proposée en des phrases enthousiastes : « Qu'il existe un état libre où tous les citoyens s'arment pour la défense commune... Je dirai qu'un tel pays peut se passer de places, qu'il doit même s'en passer (1). »

Quelle est maintenant au milieu de ces opinions contradictoires, la place exacte de Rousseau et de Mably ? Tous deux, remarquons-le d'abord, sont des adversaires du service obligatoire tel qu'il fonctionne en France de leur temps. Ils dirigent contre lui les mêmes attaques que les physiocrates, lui reprochant de charger exclusivement la classe des cultivateurs, d'entraîner la ruine de l'agriculture et la dépopulation du pays (2). D'autres critiques, qu'ils n'ont point exprimées, mais que l'on peut inférer de l'ensemble de leurs théories, avaient peut-être encore plus de force dans leur esprit. Le recrutement des milices sous l'Ancien-Régime s'opérait par voie d'enrôlement forcé. Or Rousseau et Mably, bien que partisans du service militaire obligatoire, ne le sont point du service militaire exigé par voie de coercition.

Paris, 1760, in-12. — Joseph Servan, *Le soldat citoyen* 1760, in-8°. Dans le pays de la liberté (Neufchâtel).

(1) *Essai général de tactique*, Londres, 1773, II, 89.

(2) Rousseau, *Economie politique*, p. 52. — Mably, *Gouvernement de Pologne*, Part. II, p. 73.

Ils pensent qu'un homme ne fait bien ce qu'il fait qu'à la condition d'agir librement. C'est la spontanéité de l'acte qui lui communique sa valeur et son efficacité. D'après eux, le service militaire doit être obligatoire, mais en restant spontané. La loi l'impose, sans doute ; mais en l'imposant elle consacre simplement une volonté préexistante, un désir, un besoin innés dans le cœur des bons citoyens. Il est conforme à l'ordre des sentiments naturels qu'un homme, voyant sa famille, sa propriété, sa liberté menacées, se lève de lui-même pour les défendre. Lorsque la loi lui met les armes à la main dans ce but, elle lui impose par conséquent moins un devoir qu'elle ne reconnaît en réalité son droit. — Seulement ce raisonnement ne s'applique plus, quand l'individu n'a pas d'intérêt à défendre son pays. Et les anciens l'avaient si bien compris que de leur temps « on n'accordait point à la populace l'honneur de porter les armes pour la Patrie ; il fallait avoir des foyers pour obtenir le droit de les défendre : et, de ces innombrables troupes de gueux dont brillent aujourd'hui les armées des rois, il n'y en a pas un peut-être qui n'eût été chassé avec dédain d'une cohorte romaine, quand les soldats étaient les défenseurs de la liberté (1). » On se plaint

(1) *Contrat social*, liv. IV, ch. iv. — Dans l'antiquité, comme au Moyen-Age, c'est principalement sur l'aristocratie

— 184 —

actuellement de l'insuffisance militaire des milices. Comment s'en étonner, puisqu'on les compose de ce qu'il y a de plus bas et de plus abject dans la nation, des derniers de ces paysans foulés, aigris, abrutis par des siècles de misère et d'iniquité sociale. Quel courage, quel zèle, quelle discipline en attendre ? Quel sens peuvent avoir pour ces gens-là les mots qui font les grands héroïsmes, ceux de Patrie et de Liberté ? En quoi leur esprit diffère-t-il au fond de celui des mercenaires, aven-

que retombe la charge du service militaire. Les βασιλεῖς, les Eupatrides, les patriciens mènent leurs clients au combat, comme les seigneurs féodaux y conduiront plus tard leurs vassaux. Après la chute de l'aristocratie religieuse héréditaire et son remplacement par une aristocratie de richesse, les rangs dans l'armée sont fixés d'après la fortune. A Rome, a lieu la réforme de Servius, sur laquelle Rousseau s'est longuement étendu. A Athènes, où les habitants sont divisés en quatre classes, ceux des deux premières, pentacosiomédimnes et chevaliers, servent dans la cavalerie; les hommes de la troisième, zeugites, sont hoplites; enfin le reste, ὁ ἄλλος ὄχλος, les thètes, la grande foule, est exempte de service militaire, ou sert tout au plus à composer les troupes légères et les rameurs de la flotte (Thucydide, III, 16, 87). Cette organisation se maintint à Rome quatre siècles, en Grèce beaucoup moins longtemps. La classe riche étant la plus exposée dans les combats, finit par perdre la plus grande partie de ses membres, et les cités furent réduites à donner des armes aux classes inférieures. C'est là l'origine du mouvement qui amena dans un grand nombre de pays l'établissement du régime démocratique. (Fustel de Coulanges, *La Cité antique*, p. 385).

turiers, gens sans aveu, gibier de potence, dont vous composez vos troupes réglées? Tous font le métier à contre-cœur, les uns sous la pression de la faim, les autres sous celle de la maréchaussée ; et voilà pourquoi tous le font mal. Changeons le système actuel. Retirons les armes à des hommes indignes de les porter. « Les armes qu'on met dans des mains serviles sont toujours plus dangereuses qu'utiles à l'Etat », or nous avons vu que de toutes les servitudes celle de la misère est la plus affreuse. Il faut prendre soin de ne jamais confier la défense de la société qu'à ceux qui sont intéressés à sa conservation; ceux-là seuls peuvent apporter dans leur tâche de l'ardeur et du dévouement. Le jour où tous les habitants d'un pays seront libres, où tous les hommes seront citoyens, où par une équitable répartition des richesses tous se trouveront et heureux et satisfaits de leur bonheur, c'est alors que tous devront être requis pour la défense de ce bonheur, chaque fois qu'il sera menacé.

Voilà les conditions auxquelles se trouve subordonnée, dans l'esprit de Rousseau et de Mably, l'adoption du service militaire universel (1). On

(1) Par application de ces principes, Rousseau défend que l'on arme les paysans polonais avant de leur avoir donné la qualité de citoyens (*Gouvernement de Pologne*, p. 399.). Mably songe à former en Pologne une infanterie nationale

peut ranger sous quatre chefs distincts les arguments qu'ils développent en sa faveur :

1° L'intérêt de la défense nationale. Avec une armée de citoyens, la patrie sera mieux en état de repousser ses ennemis. Elle aura d'abord plus de défenseurs à son service. N'est-ce pas précisément en vue de suppléer à l'insuffisance des troupes réglées que l'on a imaginé les milices ? L'argent ne procure que peu de soldats. Obligeons les citoyens à servir gratuitement, et nous aurons à notre disposition tous les hommes valides du pays. Au temps des républiques antiques, « il n'était pas rare de trouver dans un territoire de médiocre étendue 30 ou 40 mille citoyens ; et les maîtres de ce territoire, grâce à la forme de leur gouvernement et de leur police, avaient pour le défendre une armée de 30 ou 40,000 hommes. En est-il de même chez les peuples modernes ? Non sans doute... Un Etat qui a aujourd'hui dix mil-

---

en demandant à chaque village un soldat pris dans le nombre de ses habitants et qu'il entretiendrait à ses frais. Après vingt ans de service, on donnerait au milicien la liberté civile et des terres suffisantes à la subsistance d'une famille. « Vous verriez ainsi, dit Mably, se former dans votre République des paysans libres, et l'espérance de la liberté retirerait les autres de cette stupidité dans laquelle ils languissent, et qui les empêche de prendre le moindre intérêt au sort de la République. » (*Gouvernement de Pologne*, Part. II, p. 73).

lions de sujets ne peut avoir qu'une armée de 50,000 hommes (1). »

Mais il ne faut pas considérer uniquement le nombre, qui, de tous les facteurs de la victoire, est sans doute le moins important. « C'est une maladie des plus fâcheuses de l'Europe, que ces grandes armées que les Etats ont la manie d'entretenir pour se faire craindre et qui leur donnant une vanité ridicule ou une ambition puérile, ne servent qu'à les affaiblir et les embarrasser. On dirait qu'on veut suppléer par le nombre aux qualités militaires ; mais l'histoire n'est-elle pas pleine de grandes armées qui ont été dissipées par une poignée de Grecs, de Macédoniens ou de Romains ? 50,000 soldats disciplinés suffiront à la sûreté de la Pologne et lui coûteront peu, 20,000 hommes, tels que tout le monde en connaît, seront fort chers et la défendront mal (2). » Ce qu'il faut placer en première ligne, ce à quoi il faut s'attacher avant tout, c'est à la valeur personnelle du soldat. Or, sur ce point, Rousseau et Mably sont d'accord avec les généraux du XVIIIe siècle, Saint-Germain (3), Bernis, Bel-

---

(1) *Remarques sur les entretiens de Phocion*, p. 115-116. Montesquieu fait la même remarque au début du chapitre III de la *Grandeur et décadence des Romains*.

(2) *Gouvernement de Pologne*, Partie II, XII, p. 63.

(3) Saint-Germain, *op. cit.*, insiste sur la mauvaise compo-

lisle (1), pour mettre en relief la faiblesse des armées mercenaires. Mably surtout ne tarit pas sur ce chapitre. « Je ne suis pas étonné qu'entre les peuples de l'Europe qui ont tous également abandonné les bons principes de la politique, le commerce, qui produit de l'argent, mette en état d'avoir et d'entretenir des armées plus nombreuses. Mais je demanderai si ces soldats qui ne peuvent être que des mercenaires ramassés dans la lie du peuple, ou arrachés par force à d'autres professions, sont capables d'avoir le courage et la discipline des Anciens. Il faudrait un miracle pour que ces mercenaires supportassent les travaux et

sition du corps d'officiers, l'indiscipline des troupes, le désordre, l'incapacité générale. Les armées ne peuvent supporter les fatigues des campagnes ; elles sont réduites à rien par les maladies et les désertions. « La désertion est prodigieuse dans les armées de France... Tout homme qui n'a ni maison ni propriété, n'a point de patrie. Le sentiment momentané du mal-être et l'espérance du mieux deviennent ses seuls guides... Il est certain qu'un soldat qui a quelque bien chez lui ne désertera pas » (p. 170). — Voltaire, *Dictionnaire philosophique*, article *Supplices*, compte 60.000 déserteurs dans une période de huit ans. Et déjà l'abbé de Saint-Pierre, dans son *Projet pour rendre les troupes meilleures et les soldats plus heureux* s'inquiétait de cet état de choses qu'il attribuait à la modicité excessive de la solde, et réclamait une armée de vieilles troupes aguerries et contentes de leur profession.

(1) **Aubertin**, *L'Esprit public au XVIIIe siècle*, 3e édit. 1889, p. 345. — V. aussi Le Trosne, *De l'Ordre social*, p 370-371.

affrontassent les dangers de la guerre avec la même patience et le même courage que ces citoyens de la Grèce et de Rome, qui naissaient soldats et qui combattaient pour défendre leurs foyers. Je prie de remarquer en second lieu qu'un Etat qui a des armées mercenaires doit être riche ; d'où je conclus qu'il ne peut point avoir une bonne discipline militaire, parce qu'on ne peut être riche sans avoir les mœurs que donnent les richesses, et que ces mœurs sont diamétralement opposées à celles qu'exige la guerre. Je sais bien que le luxe n'amollit pas les soldats et les officiers subalternes, mais il amollit les chefs (1) et relâche nécessairement la vigueur de la discipline et du commandement, et les passions des autres en profitent pour se mettre, s'il se peut, à leur aise (2). » Bref, il y a incompatibilité entre richesses et vertus militaires ; or ce sont les vertus militaires qui font la grande force des armées. Avec toutes ses légions, la Rome impé-

(1) *Tableau de Paris*, t. II, p. 160-161. « Le militaire ne craint point le péril, mais la fatigue, et surtout l'absence de luxe. Il faut que l'officier traîne des chariots de cuisine et de garde robe. Il renonce plutôt à la vie qu'à son équipage. Aussi les vivres et les fourrages absorbent-ils toute l'attention des généraux ; et dans les campagnes de 1756 et de 1757, il fallait aux officiers du pain de Paris et de l'eau de la Seine pour leur café. »

2) *Remarques sur les Entretiens de Phocion* p. 120-121.

riale s'est trouvée incapable de repousser l'invasion des barbares. Les peuples riches sont destinés à être vaincus par les peuples pauvres. « Une armée pauvre et composée de citoyens heureux est invincible ; elle battra toujours une armée deux ou trois fois plus nombreuse qu'elle et appartenant à un peuple riche. L'expérience ne nous apprend-elle pas qu'un lutteur sobre est toujours vainqueur d'un lutteur intempérant (1). » C'est que la pauvreté conserve intacte la vigueur physique indispensable pour supporter les fatigues des campagnes. Bien plus, elle est la condition du maintien des mœurs, sans le secours desquelles on ne peut faire de grandes choses. « Avec votre argent, vous n'achèterez que des soldats mercenaires ; avec des mœurs, il m'est aisé d'imaginer un ordre et une discipline qui me feront des armées invincibles. » Le courage, les talents, le bon ordre sont le privilège des hommes libres ; ne les attendez pas d'une « canaille de vagabonds et de déserteurs » qui n'ont point de patrie et qui se vendent indifféremment à tout le monde. « Je crois qu'il ne serait pas impossible de prouver que tout Etat où chaque citoyen n'est pas destiné à défendre sa Patrie comme soldat, ne peut jamais

---

(1) *Législation*, Part. I, i, 1, p. 96. C'est l'argumentation de Platon que Mably reproduit ici. V. *Rép.*, IV, 422, B. C.

avoir une excellente discipline militaire. M. le maréchal de Saxe le pensait : voyez ses *Rêveries*, ouvrage d'un grand capitaine qui avait médité sur la guerre en philosophe (1). »

Du reste il ne faut pas croire qu'un citoyen, plutôt qu'un autre homme, possède les vertus militaires d'une façon innée. Le courage est la vertu la plus étrangère au cœur humain, parce qu'il est la plus contraire à cet instinct de conservation qui constitue le premier mobile de tous nos actes (2). Il faut apprendre au citoyen à triompher de sa lâcheté naturelle. Il faut établir un « courage national » qui formera les mœurs de l'Etat. Il faut revêtir les âmes d'une triple cuirasse pour les rendre inaccessibles à la crainte ; car lorsque la crainte engourdit les sens et trouble la raison, ce n'est plus le moment d'y remédier. « Si la paix même n'offre pas dans une République l'image de la guerre, si les esprits ne sont pas accoutumés avec l'idée des périls, si les citoyens ne sont pas préparés par leur éducation à être soldats, craignez que la vue des dangers et leur inexpérience ne les consternent... Que notre République soit donc militaire, que tout citoyen soit destiné à défendre sa Patrie ; que chaque jour il soit exercé à manier ses armes ; que dans la ville il contracte

---

(1) *Remarques sur les Entretiens de Phocion*, p. 117.
(2) *Principes de Morale*, Liv. I, p. 96.

l'habitude de la discipline nécessaire dans un camp (1). » Suivons en cela l'exemple de Sparte. « Pour rendre Lacédémone aussi forte qu'elle pouvait l'être, Lycurgue en avait fait un camp plutôt qu'une ville. On s'y formait continuellement à tous les exercices de la guerre ; toute autre occupation y était méprisée. Tout citoyen était soldat. Etre incapable de supporter la faim, l'intempérie des saisons et les fatigues les plus longues, ne pas savoir mourir pour la patrie, et vendre cher sa vie aux ennemis, c'eut été une infamie (2). » Mais surtout mettons-nous à l'école de Rome pour acquérir cette « discipline austère qui fait le salut et la gloire des armées (3) ... C'est à l'ordre merveilleux que les Romains établirent dans leurs armées que Végèce attribue la conquête de l'univers... La discipline militaire des Romains mérite donc toute l'attention des politiques ; elle est si sage, je dis même si philosophique qu'il suffit d'entrer dans quelque détail sur la méthode que la république romaine employait à se former des soldats, pour voir d'un coup d'œil ce qu'on peut imaginer de plus parfait sur cette matière.

« Quelque pressant que fut l'intérêt qui portait

---

(1) *Entretiens de Phocion*, Part. II, p. 31, s.
(2) *Observations sur l'histoire de la Grèce*, p. 33, s.
(3 Valère-Maxime (VI, 1 : Sanctissima romani imperii custos severa castrorum disciplina.

chaque citoyen à se sacrifier au bien public, la république ne s'en reposa point sur ces motifs généraux, qui pour être remarqués demandent des réflexions qu'un danger éminent peut faire perdre de vue. Elle sembla ne pas faire attention aux principes de son gouvernement qui rendaient propres à tous les citoyens la gloire et la honte, les avantages et les pertes de l'Etat ; il fut expressément ordonné au soldat de vaincre ou de mourir, et il lui fut impossible d'éluder la force de cette loi...

« Etant tous destinés aux armes par leur naissance, les pères les formaient dès le berceau aux qualités qui font le soldat, et sans lesquelles on ne pouvait même pas parvenir aux magistratures les plus subalternes. La frugalité, la tempérance et des travaux continuels leur formaient un tempérament sain et robuste. La dureté de la vie domestique les préparait aux fatigues de la guerre. Les délassements et les plaisirs de la paix étaient des jeux militaires. Tout le monde connaît les exercices du Champ de Mars.

« La République voulut que l'honneur d'être choisi pour la milice fût une récompense des talents qu'on avait montrés dans le Champ de Mars... Elle regarda constamment le repos et l'oisiveté comme ses plus redoutables ennemis. Les consuls ne préparaient les légions à la victoire qu'en les rendant infatigables... Un exercice continuel fait les bons soldats parce qu'il les remplit d'idées relatives à leur métier, et leur apprend à mépriser les dangers en les familiarisant avec la peine (1). »

Si donc nous voulons être fidèles aux enseignements de Sparte et de Rome, faisons en sorte que, dans notre Etat, tout tende à former des citoyens heureux capables de défendre leur bonheur. Pour cela, appelons à notre aide l'éducation et l'émulation. Que les enfants, que les jeunes gens soient exercés à des jeux qui fortifient le tempérament et donnent du courage ; qu'on leur apprenne à mourir avec plaisir pour la patrie ; que dès le berceau on les instruise à respecter leurs défenseurs. « Que la valeur soit, après la justice, plus honorée que tout le reste. Multipliez les récompenses qui lui sont dues, mais avec cette sage économie qui, loin de les dégrader, les rend plus précieuses. Les couronnes civiques des Romains étaient un établissement admirable ; il est beau que les hommes qui prodiguent leur sang sachent estimer la vie d'un citoyen (2). » Le cou-

---

(1) *Observations sur les Romains,* p. 241, 250. — V. Bossuet, *Discours sur l'histoire universelle,* IIIe partie, ch. VI ; Montesquieu, *Considérations sur les causes de la grandeur des Romains*, ch. I, II, XVIII.

(2) *Législation*, Part, I, ii, 3, p. 209.

rage doit être à la fois fort et réfléchi. Point de ces soldats qui se précipitent au devant du danger par l'effet d'une passion brutale et exaltée, mais des hommes persuadés que le gouvernement qui les rend heureux est digne qu'on le défende au prix de tout son sang. Il faut faire fond sur les affections domestiques pour attacher les citoyens à la République. Que l'amour véritable succède au libertinage, et vous verrez alors reparaître des héros. Montaigne, qui a nommé l'amour une passion *entrepreneuse de grandes choses*, « ne pourrait s'empêcher de rire et de plier les épaules quand il verrait de petites mijorées abîmées de luxe, d'oisiveté, de mollesse et de minauderies étudiées, se persuader bêtement, d'après la lecture de quelques mauvais contes ou de quelques mauvais vers, qu'il ne tient qu'à elles de donner des grands hommes à l'Etat... Vous combattez pour le salut de vos femmes, disaient autrefois les Généraux à leurs armées; et ce discours animait leur courage. Aujourd'hui on serait tenté de se faire battre pour se séparer de la sienne (1)... »

Ainsi entraînée aux rudes travaux de la guerre par des exercices journaliers, soutenue par le sentiment du devoir civique, excitée par le désir de la gloire, l'amour de la famille, de la liberté et

(1) *Principes de Morale*, liv. I, p. 82 et suiv.

de l'Etat, l'armée des citoyens sera invincible. Elle possédera, en plus de la discipline des troupes prussiennes, ce courage patriotique qui est l'apanage exclusif des peuples libres. « Des hommes arrachés de leurs maisons, ou ramassés au hasard dans la lie du peuple, ne font la guerre qu'à regret, ou ne portent les armes que parce qu'ils ne sont bons à rien. Quel intérêt peuvent-ils donc prendre à la chose publique? C'est cependant cet intérêt qui élève l'âme; et sans une âme élevée, dans quelque condition que l'on soit, et malgré tous les soins de la politique, on n'est jamais qu'un homme médiocre (1). » Souvenons-nous que jadis Sparte « toujours religieusement attachée aux institutions les plus rigides de Lycurgue, » et Athènes qui « avait acquis sous la tyrannie des Pisistrates toutes les vertus qui peuvent illustrer une ville libre » sauvèrent à elles seules la Grèce du joug de Xerxès, et n'hésitons pas à déclarer qu'un Etat qui remet le soin de sa sécurité à ses propres citoyens est indomptable. « Nous ne connaissons plus aujourd'hui ce que c'est que subjuguer une nation libre. Depuis que la monarchie est le gouvernement général de l'Europe, que tout est sujet et non citoyen, et que les esprits sont également énervés par l'avarice

---

(1) *Gouvernement de Pologne*, Part. II, XII, p. 63.

et la mollesse, on ne porte la guerre que dans les provinces accoutumées à obéir, et défendues par des mercenaires. Les Républiques mêmes qui sont sous nos yeux n'offrent qu'un amas de bourgeois attachés à des fonctions civiles; le désespoir ne peut plus y enfanter des prodiges, et on ne doit pas s'attendre à trouver des peuples qui préfèrent leur ruine à la perte de leur liberté (1). — Aujourd'hui toutes les puissances de l'Europes ont devenues commerçantes, et c'est parce que ce vice de leur politique est général, qu'aucune d'elles n'en sent les inconvénients relativement à ses ennemis; elles combattent à armes égales; mais s'il se formait une République Romaine, quel serait le sort des Etats commerçants (2) ? »

Le danger est précisement, non pas que les citoyens accoutumés à des exercices fatigants et périlleux se trouvent dans une guerre défensive inférieurs aux troupes réglées, mais qu'au contraire, conscients de leur force et de leur supériorité, ils laissent pénétrer en eux un esprit d'ambition qui deviendrait rapidement funeste à l'Etat (3).

---

(1) *Observations sur l'histoire de la Grèce*, p. 58. — *Législation*, Part. I, ı, 3, p. 100.

(2) *Remarques sur les entretiens de Phocion*, p. 119.

(3) C'est en effet l'objection que Platon (Lois, I) et Aristote (*Politique*, trad. Barthélemy Saint-Hilaire, II, vı, § 23) ont

Le législateur, en même temps qu'il s'appliquera à faire des jeunes gens d'excellents soldats, ne saurait donc dépenser trop de soins pour leur inspirer l'amour de la paix : amour profond et raisonné, motivé non par la crainte de la guerre, mais par la modération des désirs, et par cette idée que la paix est l'état naturel de l'homme, et que la force ne doit être employée que contre les bêtes féroces incapables de se conduire par les lumières de la raison. Unissons toujours la modération au courage. Ne cédons pas au désir de nous venger d'un ennemi qui nous aurait attaqués injustement. Ne craignons pas qu'une paix trop longue affaiblisse les vertus militaires, et n'entreprenons pas une guerre agressive dans le seul but d'entretenir notre courage. C'est à la loi de prémunir la nation contre de pareils entraînements ; et dans ce but, elle ne saurait accumuler trop de prescriptions. « Qu'il soit donc ordonné à tous les citoyens de croire que la guerre est le plus grand des maux après la ruine de la République, et la paix le plus grand des biens après la conservation des Lois. Que toute guerre qui n'est pas entreprise pour se défendre, soit regardée comme une injus-

---

faite aux institutions de Lycurgue. — Montesquieu paraît redouter la même chose de la république de Berne (*Grandeur des Romains*, ch. IV).

tice; que celui qui l'aura conseillée réponde du sang de ses concitoyens, et puisse être cité devant les tribunaux comme ennemi public. Que ces maximes, pour devenir l'esprit national, soient enseignées par les vieillards aux jeunes gens, et que les mères mêmes en instruisent les enfants, dès que leur âme développée commencera à faire usage de leurs sens. Si vous ne savez pas instruire et régler le courage de vos soldats, s'ils ignorent où, comment et pourquoi ils doivent vaincre, soyez sûrs que leur amour pour la gloire et leurs succès ne tarderont pas à donner à la République une ambition ruineuse. Que sous prétexte de prévenir l'ennemi, ou pour quelque autre raison que ce soit, il ne soit jamais permis de porter la guerre sur son territoire. Attendez-la sur votre frontière..... La Loi défendra, sous peine d'infamie, de poursuivre un ennemi qui a pris la fuite, de dépouiller les morts, et de faire du butin..... Une déclaration de guerre ne peut être méditée trop longtemps..... Etablissez une classe de magistrats dont la seule occupation soit de conserver la paix..... (1) »

2° De cette façon l'Etat ne fera la guerre que si on l'y force absolument, et, comme il ne possède pas de grandes richesses de nature à tenter la cupidité de ses voisins, on doit penser qu'il entre-

---

(1) *Législation*, Part. I, II, 3, p. 213-215.

tiendra avec eux des relations presque perpétuellement pacifiques. Est-ce à dire que la discipline de fer à laquelle les citoyens sont soumis leur sera imposée en pure perte? Point du tout. Cette discipline a son utilité capitale, non-seulement en vue de la guerre, mais pour la paix. « Non-seulement, dit Mably (1), vous formerez par cette politique des soldats invincibles, mais vous donnerez encore une nouvelle force aux lois et aux vertus civiles. Vous empêcherez que les douceurs et les occupations de la paix n'amollissent et ne corrompent insensiblement les mœurs; car si les vertus civiles, la tempérance et l'amour du travail préparent aux vertus militaires, celles-ci leur servent à leur tour d'appui. » Conserver la rudesse de mœurs indispensable au maintien de la liberté, tel est donc le second but que Mably et Rousseau se proposent en soumettant à des exercices guerriers tous les citoyens de leur Etat. On sait l'importance que Rousseau attache à l'éducation physique, quelle part très grande il fait dans l'*Emile* à tout ce qui peut fortifier le corps de l'enfant. Emile sera élevé à la campagne, en plein air, dans la plus grande liberté. On l'exposera aux atteintes qu'il aura à subir plus tard. On lui apprendra à supporter les intempéries des saisons, des climats,

---

(1) *Entretiens de Phocion*, Part. II, p. 32.

des éléments, la faim, la soif, la fatigue. On fera appel aux exercices physiques, aux travaux manuels pour « renforcer » encore son tempérament et sa santé. Il faut « tremper les enfants dans l'eau du Styx. » Il faut « que le corps ait de la vigueur pour obéir à l'âme : un bon serviteur doit être robuste..... Plus le corps est faible, plus il commande ; plus il est fort, plus il obéit..... Un corps débile affaiblit l'âme (1). » Or une âme faible, lâche, molle, efféminée, est un instrument tout préparé pour le despotisme. L'amour de la liberté, la ferveur des sentiments patriotiques, la fière vertu républicaine n'habitent que les cœurs vaillants, les larges et solides poitrines. Aussi le

---

(1) *Emile*, édit. Garnier, p. 27. — V. aussi *Lettre à d'Alembert sur les spectacles*, p. 218 : « On était plus grossier de mon temps. Les enfants, rustiquement élevés, n'avaient point de teint à conserver, et ne craignaient point les injures de l'air, auxquelles ils s'étaient aguerris de bonne heure. Les pères les menaient avec eux à la chasse, en campagne, à tous leurs exercices, dans toutes les sociétés. Timides et modestes devant les gens âgés, ils étaient hardis, fiers, querelleurs entre eux...; ils se défiaient à la lutte, à la course, aux coups ..; ils revenaient au logis suants, essoufflés, déchirés : c'étaient de vrais polissons ; mais ces polissons ont fait des hommes qui ont dans le cœur du zèle pour servir la patrie et du sang à verser pour elle. Plaise à Dieu qu'on en puisse dire autant de nos beaux petits messieurs requinqués, et que ces hommes de quinze ans ne soient pas des enfants à trente. »

législateur doit-il s'efforcer de porter à son maximum d'intensité la vigueur physique, sachant que par là il développe dans une proportion équivalente l'énergie morale. Rousseau ne dédaigne point sans doute le point de vue de la sécurité extérieure. Dans le *Discours sur les sciences et les arts* et dans la *Lettre à d'Alembert*, il s'attache au con- traire à démontrer comment le luxe, les arts, les jouissances de la vie entraînent la disparition rapide des vertus guerrières (1). Mais

(1) *Discours*, p. 17. « Les anciennes républiques de la Grèce, avec cette sagesse qui brillait dans la plupart de leurs institutions, avaient interdit à leurs citoyens tous ces métiers tranquilles et sédentaires qui en affaissant et corrompant le corps, énervent sitôt la vigueur de l'âme. De quel œil, en effet, pense-t-on que puissent envisager la faim, la soif, les fatigues, les dangers et la mort, des hommes que le moindre besoin accable, et que la moindre peine rebute ? Avec quel courage les soldats supporteront-ils des travaux excessifs dont ils n'ont aucune habitude ? Avec quelle ardeur feront-ils des marches forcées sous des officiers qui n'ont pas même la force de voyager à cheval ? Qu'on ne m'objecte point la valeur renommée de tous ces modernes guerriers si savamment disciplinés. On me vante bien leur bravoure en un jour de bataille ; mais on ne me dit point comment ils supportent l'excès du travail, comment ils résistent à la rigueur des saisons et aux intempéries de l'air. Il ne faut qu'un peu de soleil ou de neige, il ne faut que la privation de quelques superfluités, pour fondre et détruire en peu de jours la meilleure de nos armées. Guerriers intrépides, souffrez une fois la vérité qu'il vous est si rare d'entendre. Vous êtes braves, je le sais ; vous eussiez triomphé avec Annibal à

surtout il croit que les vertus civiques sont dans une étroite relation avec les qualités militaires. Un esprit martial est celui qui convient

Cannes et à Trasymène ; César avec vous eût passé le Rubicon et asservi son pays : mais ce n'est point avec vous que le premier eût traversé les Alpes, et que l'autre eût vaincu vos aïeux. » — *Lettre*, p. 209 : « Si l'on compare la force des hommes anciens à celle des hommes d'aujourd'hui, on n'y trouve aucune espèce d'égalité. Nos exercices de l'académie sont des jeux d'enfants auprès de ceux de l'ancienne gymnastique : on a quitté la paume comme trop fatigante ; on ne peut plus voyager à cheval. Je ne dis rien de nos troupes. On ne conçoit plus les marches des armées grecques et romaines. Le chemin, le travail, le fardeau du soldat romain fatigue seulement à le lire, et accable l'imagination. Le cheval n'était pas permis aux officiers d'infanterie. Souvent les généraux faisaient à pied les mêmes journées que leurs troupes. Jamais les deux Caton n'ont autrement voyagé, ni seuls, ni avec leurs armées. Othon lui-même, l'efféminé Othon, marchait armé de fer à la tête de la sienne allant au-devant de Vitellius. Qu'on trouve à présent un seul homme de guerre capable d'en faire autant. Nous sommes déchus en tout .... »

Et cependant les soldats de la Révolution auront cette admirable endurance des armées romaines. « Les conquérants de la Hollande, a écrit le maréchal Soult de ses anciens compagnons d'armes, traversaient par dix-sept degrés de froid les fleuves et les bras de mer gelés ; et ils étaient presque nus. Cependant ils se trouvaient dans le pays le plus riche de l'Europe ; ils avaient devant les yeux toutes les séductions, mais la discipline ne souffrait pas la plus légère atteinte. Jamais les armées n'ont été plus obéissantes, ni animées de plus d'ardeur : c'est l'époque des guerres où il y a eu le plus de vertu parmi les troupes. » (Cité par le lieutenant-colonel

à des hommes libres. La Corse (1), la Pologne sont de tous les pays d'Europe les plus capables de législation, parce qu'elles ont apporté, dans la

Rousset : *Les maîtres de la guerre : Frédéric II, Napoléon, Moltke*. Essai critique d'après les travaux inédits de M. le général Bonnal, 1899.) — Entre cent autres faits typiques, à recueillir dans les *Mémoires* de l'époque, nous rappelons encore celui de la 28e demi-brigade qui, après s'être illustrée dans les périlleux combats du Simplon et de Bedretto (15 août, 24 et 25 septembre 1799), passa l'hiver à Obergestelen et à Binn, dans les pays les plus reculés du haut Valais. « Elle y supporta, dit le général Thoumas (*Causeries militaires*, IVe série, p. 200), avec une constance admirable les privations et les souffrances et fut désignée au printemps de 1800 pour faire partie de l'avant-garde de l'armée de réserve sous les ordres du général Lannes : elle franchit le Saint-Bernard, et se couvrit de gloire aux combats de Châtillon et d'Ivrée. Lorsque, le 28 mai, Bonaparte passa à Chivasso la revue de l'avant-garde, il félicita surtout la 28e de la constance qu'elle avait déployée dans ses quartiers d'hiver. « Voilà deux ans, dit-il, que vous passez sur les montagnes, souvent privés de tout, et vous êtes toujours à votre devoir sans murmurer. C'est la première qualité d'un bon soldat. Je sais encore qu'il vous était dû, il y a huit jours, huit mois de paie et que cependant il n'y a pas eu une seule plainte. » En rapportant ces paroles le bulletin officiel de l'armée ajoutait : « Le premier consul a ordonné, pour preuve de sa satisfaction de la bonne tenue de cette demi-brigade, qu'à la première affaire elle marcherait à la tête de l'avant-garde. »

(1) *Contrat social*, Liv. II, ch. x — *Correspondance*, Lettre DXXII, 8 décembre 1764, A Milord Maréchal. On sait qu'en septembre 1764, Paoli et les autres chefs du mou-

lutte pour leur indépendance, autant de bravoure que de fermeté. Même si l'Etat n'avait rien à craindre de l'étranger, s'il se trouvait garanti, par une position exceptionnellement heureuse, de la crainte de devenir la conquête d'un autre Etat, ses citoyens devraient encore s'exercer aux armes, non par la nécessité de pourvoir à leur propre défense, mais « pour entretenir chez eux cette ardeur guerrière et cette fierté de courage qui sied si bien à la liberté et qui en nourrit le goût (1). » C'est ce qui se pratique à Genève. Rousseau avec cette sensibilité facile qu'il a contribué plus que personne à mettre à la mode, s'attendrit littéralement sur les fêtes militaires données dans la petite république. (2) Il approuve

---

vement révolutionnaire en Corse, demandèrent à J.-J. Rousseau, par l'intermédiaire de M. Buttafuoco, un plan de législation pour l'île nouvellement affranchie de la domination génoise. Rousseau accepta avec empressement, demanda un grand nombre de documents dont Paoli lui envoya une partie et commença même les préparatifs d'un voyage que l'intervention française dans les affaires de Corse et sa propre fuite de Motiers l'empêchèrent d'exécuter. Les fragments du projet de gouvernement pour la Corse ont été publiés pour la première fois par M. Streckeisen-Moultou, dans les *Œuvres et Correspondances inédites de J.-J. Rousseau* (Paris, 1861).

(1) *Discours sur l'origine de l'inégalité*, dédicace.

(2) *Lettre à d'Alembert*, in fine fête du régiment de Saint-Gervais. — *Correspondance*, lettre CCLIV, 26 juin 1761.

le goût de la chasse, les exercices des milices, les prix qu'on tire une partie de l'année. Il trouve que l'on ne fait pas encore assez pour maintenir cette « antique rudesse conservatrice de la bonne constitution ainsi que des bonnes mœurs... Nous avons tous les ans des revues, des prix publics, des rois de l'arquebuse, du canon, de la navigation. On ne peut trop multiplier des établissements si utiles et si agréables, on ne peut trop avoir de semblables rois. Pourquoi ne ferions-nous pas pour nous rendre dispos et robustes, ce que nous faisons pour nous exercer aux armes?... Pourquoi, sur le modèle des prix militaires, ne fondrions-nous pas d'autres prix de gymnastique pour la lutte, pour la course, pour le disque, pour divers exercices du corps? Pourquoi n'animerions-nous pas nos bateliers par des joutes sur le lac? (1). » Et voici Rousseau embarqué pour les institutions de Lycurgue ; voici Sparte illuminée d'un brillant reflet d'apothéose. « C'est à Sparte que, dans une laborieuse oisiveté tout était plaisir et spectacle ; c'est là que les plus rudes travaux passaient pour des récréations, et que les moindres délassements formaient une instruction publique ; c'est là que les citoyens continuellement assemblés, consacraient la vie entière

(1) *Lettre à d'Alembert*, p. 229.

à des amusements qui faisaient la grande affaire de l'Etat, et à des jeux dont on ne se délassait qu'à la guerre (1). »

Rétablissons parmi nous la discipline spartiate si nous voulons retrouver la vigueur d'âme, le zèle patriotique, l'estime pour les qualités vraiment personnelles, toutes choses qui sont actuellement sans exemple, mais dont les levains dans les cœurs des hommes n'attendent pour fermenter que d'être mis en action par des institutions convenables. « Quant on lit l'histoire ancienne, on se croit transporté dans un autre univers et parmi d'autres êtres. Qu'ont de commun les Français, les Anglais, les Russes avec les Romains et les Grecs ? Rien presque que la figure. Les fortes âmes de ceux-ci paraissent aux autres des exagérations de l'histoire. Comment ceux qui se sentent si petits penseraient-ils qu'il y ait eu de si grands hommes? Ils existèrent pourtant, ils étaient des humains comme nous. Qu'est-ce qui nous empêche d'être des hommes comme eux? Nos préjugés, notre basse philosophie, et les passions du petit intérêt, concentrées avec l'égoïsme dans tous les cœurs par des institutions ineptes que le génie ne dicta jamais (2). » Voilà ce que le législateur doit s'efforcer de détruire. Il faut qu'il

(1) *Lettre à d'Alembert*, p. 235.
(2) *Gouvernement de Pologne,* II, p. 347.

occupe sans cesse le citoyen de la patrie, qu'il la lui tienne constamment sous les yeux, depuis le berceau jusqu'à la tombe. Que toute l'éducation (1) vise uniquement à rendre les âmes patriotes « par inclination, par passion, par nécessité. » Que des jeux publics, détournant les hommes d'une oisiveté dangereuse, rassemblent fréquemment le corps entier de la nation. Point d'amusements qui efféminent, qui distraient, qui isolent, qui fassent oublier la patrie et le devoir. « Beaucoup de spectacles en plein air, où les rangs soient distingués avec soin, mais où tout le peuple prenne part également comme chez les anciens, et où, dans certaines occasions, la jeune noblesse fasse preuve de force et d'adresse. Les combats des taureaux n'ont pas peu contribué à maintenir une certaine vigueur chez la nation espagnole. Ces cirques où s'exerçait jadis la jeunesse en Pologne devraient être soigneusement rétablis, on en devrait faire pour elle des théâtres d'honneur et d'émulation. Rien ne serait plus aisé que d'y substituer aux anciens combats des exercices moins cruels, où cependant la force et l'adresse auraient part et où les victorieux auraient de même des honneurs et des récompenses ». Ces récom-

---

(1) *Emile*, p. 10. « Voulez-vous prendre une idée de l'éducation publique, lisez la *République* de Platon. »

penses et ces distinctions donneront de l'éclat aux qualités guerrières et aux vertus patriotiques. De la sorte, on fondera l'amour de la liberté sur de saines et rudes habitudes impossibles à déraciner. On donnera aux âmes « une physionomie nationale qui les distinguera des autres peuples, qui les empêchera de se fondre, de s'allier avec eux , une vigueur qui remplacera le jeu abusif des vains préceptes, qui leur fera faire par goût et par passion ce qu'on ne fait jamais assez bien quand on ne le fait que par devoir ou par intérêt. C'est sur ces âmes-là qu'une législation bien appropriée aura prise. Ils obéiront aux lois et ne les éluderont pas, parce qu'elles leur conviendront et qu'elles auront l'assentiment interne de leur volonté. Aimant la patrie, ils la serviront par zèle et de tout leur cœur. Avec ce seul sentiment, la législation, fût-elle mauvaise, ferait de bons citoyens ; et il n'y a jamais que les bons citoyens qui fassent la force et la prospérité de l'Etat (1). »

3° Une fois les âmes ainsi « montées au ton des âmes antiques, » le dévouement du citoyen à sa patrie ne lui coûtera guère. Joyeusement, il sacrifiera à l'Etat quand celui-ci le jugera expédient, un droit à la vie qu'il n'a reçu de l'association

---

(1) *Gouvernement de Pologne*, ch. III et IV.

politique que comme un bienfait conditionnel toujours révocable (1). Le sacrifice de cette vie est le plus grand que l'Etat puisse lui demander ; il constitue la plus forte preuve d'attachement qu'un citoyen puisse donner à son pays, et voilà pourquoi Rousseau veut que tous les membres de la cité soient également exposés à l'accomplir. Il ne convient pas qu'une partie de la nation demeure tranquillement à l'abri, pendant que le reste affronte les fatigues et la mort pour la défendre ; mais inversement il ne convient pas davantage que les soldats restent inactifs en temps de paix, pendant que les ouvriers et les administrateurs travaillent. La division des fonctions est aussi absurde que nuisible. L'antiquité l'a toujours ignorée, et c'est pour cela qu'elle a produit tant de grands hommes. « La séparation des fonctions civiles et des fonctions militaires, dit aussi Mably, dégrade nécessairement tous les talents politiques, et ne produit presque jamais que des hommes médiocres. Les républiques anciennes, qu'il faut toujours avoir devant les yeux quand on veut faire de grandes choses, avaient des hommes admirables, c'est-à-dire des citoyens qui avaient étudié tous les besoins et tous les devoirs de la société ; ils s'y étaient également exercés ; et ces connais-

(1) *Contrat social*, Liv. II, ch. v.

sances qui s'aidaient mutuellement étendaient tous les talents. Nous autres modernes, nous n'avons que des talents ébauchés dont nous ne savons pas tirer parti pour l'avantage général de la société. Bornés par notre ignorance, nous ne sommes utiles à la patrie que quand par hasard elle a besoin du métier que nous avons appris (1). » Abstenons-nous de tronquer la personne humaine, de la cantonner dans un domaine trop étroit qui nécessairement la diminue. Constituons l'homme complet, apte à tout, excellent en tout, toujours à la disposition de la patrie, perpétuellement actif et dévoué à son service. Dans l'ordre naturel, la vocation commune des hommes est l'état d'homme, et c'est en vue de cet état, que l'enfant doit être élevé (2) ; mais, dans l'ordre social, la vocation

(1) *Gouvernement de Pologne*, Part. II, xi, p. 39. — En outre, fait observer Mably, « s'il y a dans un Etat des hommes bornés aux seules fonctions civiles, ils amolliront nécessairement les fonctions publiques et la mollesse des mœurs relâchera certainement les ressorts du Gouvernement militaire » (*Remarques sur les Entretiens de Phocion* p. 117).

(2) *Emile*, p. 11. « Dans l'ordre naturel, les hommes étant tous égaux, leur vocation commune est l'état d'homme ; et quiconque est bien élevé pour celui-là ne peut mal remplir ceux qui s'y rapportent. Qu'on destine mon élève à l'épée, à l'Eglise, au barreau, peu m'importe. Avant la vocation des parents, la nature l'appelle à la vie humaine. Vivre est le métier que je lui veux apprendre. En sortant de mes mains, il ne sera, j'en conviens, ni magistrat, ni soldat, ni prêtre : il

commune des membres de la cité est l'état de citoyen et tout homme public ne doit avoir d'autre état permanent que celui-là (1). « Les deux états d'homme d'épée et d'homme de robe étaient inconnus des anciens. Les citoyens n'étaient par métier, ni soldats, ni juges, ni prêtres ; ils étaient tout par devoir. Voilà le vrai secret de faire que tout marche au but commun, d'empêcher que l'esprit d'état ne s'enracine dans les corps aux dépens du patriotisme. (2) » Esprit de routine, esprit de corps : deux choses également nuisibles au bien général. On ne les évitera qu'en empêchant le citoyen de se cantonner dans une charge déterminée, qu'en ne constituant aucune fonction comme un ordre distinct dans l'Etat.

4° La séparation des fonctions civiles et des

---

sera premièrement homme. Tout ce qu'un homme doit être, il saura l'être au besoin tout aussi bien que qui que cesoit ; et la fortune aura beau le faire changer de place, il sera toujours à la sienne. »

(1) *Gouvernement de Pologne*, IV, 357.

(2) *Ibidem*, X, p. 386. C'est la complexité croissante du travail social qui a amené sa décomposition en un nombre de plus en plus grand de tâches fragmentaires et spécialisées. Dans la cité de Rousseau, où les rouages du mouvement seront très simples (activité économique rudimentaire, Etat limité à l'étendue d'une bourgade rurale), rien ne doit être plus facile que l'alternance des fonctions publiques entre les magistrats municipaux.

fonctions militaires expose du reste à un danger spécial, le plus grand de tous. Elle met en péril la liberté intérieure, elle ouvre la porte à la violence, à la tyrannie (1). La puissance exécutive, nous le savons, est, par sa nature, continuellement occupée à former des entreprises contre la la puissance législative ou le souverain. Elle est toujours en marche vers le pouvoir arbitraire, c'est-à-dire vers le despotisme. Le législateur ne doit rien négliger pour empêcher ou pour retarder

---

(1) C'est une des objections que l'on pourrait faire à la *République* de Platon, où la séparation des fonctions civiles et des fonctions militaires est posée comme un principe constitutif de l'ordre social. Platon insiste dans cet ouvrage (L. II, 369, C. D. E.) sur les avantages de la division du travail, et le mythe des trois races (à rapprocher de la théorie d'Aristote sur l'esclavage) intervient encore pour donner plus d'autorité au régime des castes spécialisées dans des fonctions distinctes et hiérarchisées. En vue de mettre les guerriers à l'abri de la cupidité, et pour les rendre plus aptes à la tâche qui leur est échue, Platon veut qu'ils ne possèdent rien en propre et soient soumis au genre de vie le plus dur. Mais ne seront-ils pas tentés, par le fait même, de s'approprier, pour en jouir, les biens de la classe productrice, celle des laboureurs, artisans et marchands? A moins, ce que Platon ne dit pas, que la propriété privée de ces derniers ne soit étroitement limitée, comme elle l'est dans les *Lois*, au moyen d'une réglementation des plus strictes. Et enfin Platon lui-même ne croit réalisable son utopie de la *République*, qu'à la condition d'admettre l'existence d'hommes très rapprochés de la perfection.

le plus possible ces empiétements. Dans cette vue, Mably a déjà retiré aux magistrats la disposition des finances publiques. Mais cela ne suffit pas. « S'il est nécessaire de refuser aux magistrats des richesses avec lesquelles ils achèteraient la puissance législative, il faut se garder avec le même soin de leur abandonner des forces avec lesquelles ils la subjugueraient. L'Histoire n'est pleine que d'hommes riches à qui on a vendu le privilège de violer toutes les lois, ou de soldats heureux qui l'ont usurpé. Rappelez-vous l'alliance étroite que l'avarice et l'ambition ont contractée. Si le magistrat est riche, il aura bientôt des forces; s'il a des forces, il vous contraindra bientôt à l'enrichir. Concluez de là que la principale attention du législateur, en donnant des défenseurs à la République contre ses ennemis étrangers, doit être de n'y pas faire naître des ennemis domestiques (1) ». Pour cela, quel moyen employer? un seul : remettre le dépôt de la force armée dans les mains des citoyens. « Tout Etat où le citoyen ne veut pas prendre la peine d'être soldat, doit enfin être gouverné par des soldats, ou par ceux qui ont l'art de se rendre les maîtres des armées. —

---

1) *Législation*, Part. II, III, 3, p. 70. Machiavel (*Le Prince*, ch. XII) attribue en grande partie la perte de la liberté par l'Italie à l'emploi fait par les princes de troupes mercenaires.

Je suis intimement persuadé que, malgré les établissements les plus sages pour affermir l'empire des lois et s'opposer à la naissance du pouvoir arbitraire, un peuple finira toujours par être esclave, si chaque citoyen ne se croit pas destiné à être soldat. On sait quel a été le sort de toutes ces nations lâches, paresseuses ou inconsidérées qui, pour se débarrasser des fatigues ou des périls de la guerre, ont confié à des mercenaires le soin de les défendre. Ces soldats ont abusé de leurs armes et de leur force ; ils n'ont reconnu que la puissance exécutrice à qui il en a fallu abandonner la direction, et ils sont devenus des oppresseurs, ou plutôt les instruments de l'oppression (1) ». Il est vrai que les physiocrates, partisans du despotisme légal, nous narrent (2) que la milice chinoise, malgré les tentatives des empereurs ses chefs, n'a jamais abusé de ses forces. Mais « tout est inconcevable dans l'histoire de Chine », où se coudoient le romanesque et le merveilleux. « Par quel intérêt, par quel arrangement secret les troupes, que l'empereur paie et commande, lui sont-elles moins attachées qu'à l'Etat ? D'où naît cet esprit patriotique et républicain dans le des-

(1) *Remarques sur les entretiens de Phocion*, p. 118. — *Gouvernement de Pologne*, Part. II, xii, p. 66.

(2) *Le Despotisme de la Chine*, de Quesnay, fut publié dans les *Ephémérides du citoyen*, t. III, IV, V et VI de l'année 1767.

potisme ?... Si l'empereur de Chine est abandonné de ses soldats, quand il les veut employer à servir son injustice, il devrait au moins se douter de cette disposition des esprits : pourquoi les Chinois, qu'on dit si habiles et si sages, ont-ils des empereurs si imbéciles ? Je ne conçois point pourquoi un prince néglige de séduire ses troupes, et, s'il le tente, pourquoi il n'y réussit pas (1). » L'histoire romaine nous offre à cet égard des enseignements plus certains, et l'on peut apprendre, en la méditant, quelles sont les meilleures règles à suivre et le danger qu'on court à les violer. « Tant qu'il fallut commencer par être soldat pour devenir magistrat, et qu'on n'admit dans les légions que les citoyens qui avaient au moins quatre cents dragmes de bien, il régna une harmonie parfaite entre les fonctions civiles et les fonctions militaires, et la République n'eut rien à craindre de ses généraux ni des armées. Mais dès que le luxe eut, en quelque sorte, avili la profession des armes, que les fatigues de la guerre parurent insupportables, et qu'on voulut être voluptueux ou puissant à Rome, sans avoir passé par les différents grades de la milice, il fallut remplir les légions de cette populace indigente qu'on n'y avait pas autrefois admise. Ces nouveaux soldats n'eurent plus le même intérêt

(1) *Doutes proposés*, lettre IV, p. 108.

que les anciens, et la révolution fut prompte . . . A peine Marius, en portant la guerre contre Jugurtha, eût-il donné l'exemple d'enrôler de ces citoyens qui ressemblent à nos mercenaires, que la République dut sentir qu'elle n'avait plus la même autorité sur ses généraux. Des soldats qui, en quelque sorte, n'étaient plus citoyens, furent moins attachés au Sénat et à la nation qu'au proconsul qui les commandait. De là les guerres civiles, la ruine de la liberté et l'établissement de la tyrannie. De ces événements nécessaires et tous liés les uns aux autres, ne faut-il pas conclure que la défense de la Patrie ne doit être confiée qu'aux citoyens les plus intéressés à sa conservation ? Si la milice, en qui repose la République, n'est pas plus considérée que toute autre classe de citoyens, elle aura de la jalousie, elle aura de la haine, et quelque ambitieux profitera de ces passions pour s'emparer de l'autorité publique. Que les lois ne séparent jamais les fonctions militaires des fonctions civiles ; si les premières sont subordonnées aux autres, l'Etat n'aura que les plus mauvaises troupes du monde ; si les secondes, au contraire, sont subordonnées aux premières, les lois civiles seront sans force, et la fortune des citoyens ne sera jamais assurée (1) ».

(1) *Législation*, Part. II, III, 3, p. 79, et suiv. - *Observations sur les Romains*, p. 227 et suiv. — Mably cite aussi

Dans Rousseau, les mêmes idées s'appuient sur les mêmes exemples (1). Le citoyen de Genève avait grandi au milieu de l'effroi répandu dans sa ville natale par les troupes mercenaires et étrangères à la discrétion du petit conseil. Il avait dû garder un vif souvenir de l'exécution de Le Maître protégée par six compagnies de la garnison zurichoise, de la journée du 26 mai 1707 (2) qu'il a

l'exemple de Cromwell, et, dans son ouvrage *De l'étude de l'histoire*, ch. V, reproche aux Anglais de laisser au roi « une milice toujours subsistante dont il dispose. » La nation anglaise n'a cependant jamais regardé qu'avec beaucoup de défiance les prérogatives militaires de la royauté. Dès le XIIe siècle, les soldats étrangers étaient chassés d'Angleterre. Au XIVe, les réclamations des Parlements contre les levées se multiplient. La lutte entre Charles Ier et le Parlement a pour cause immédiate les prétentions du roi au commandement de la milice, et, après la tyrannie militaire du XVIIe siècle, on voit les Communes demander à maintes reprises (1667, 1673, 1680) le licenciement des troupes. Enfin, le *Bill of Rights* de 1688 porte que le maintien d'une armée permanente en temps de paix, sans le consentement des Chambres, est un acte illégal. Depuis lors, un vote spécial du Parlement (act of muting), toujours nécessaire bien que le statut général de 1881 ait établi un règlement permanent pour l'armée, autorise année par année l'entretien des troupes.

(1) *Gouvernement de Pologne*, ch. XII, p. 398-400. — *Economie politique*, p. 40.

(2) Jean-Jacques Rousseau, étant né seulement le 28 juin 1712, n'a pu être témoin oculaire de ces événements. Mais son père féru comme il l'était de civisme, dut les lui com-

rappelée dans les *Lettres écrites de la montagne* (1), et des efforts faits par le Sénat pour asseoir son autorité despotique sur une force armée irrésistible (2). Qu'on ajoute à cela l'in-

menter de bonne heure à grand renfort de déclamations et de gestes.

(1) Le *Tableau historique et politique des Révolutions de Genève dans le dix-huitième siècle* décrit ainsi les incidents de cette journée : « Le Sénat, fier du succès qu'il venait de remporter et irrité de la résistance de ces citoyens (ceux qui se trouvaient assemblées à Saint-Pierre) voulut les contraindre à se retirer, et leur en envoya imprudemment l'ordre par trois compagnies de la garnison. La marche de ces mercenaires armés répandit bientôt dans la ville une alarme universelle et l'on s'écria, dans tous les quartiers : *aux armes, on égorge nos concitoyens dans le Temple*. Aussitôt, les femmes éplorées y accourent porter à leurs époux des armes pour se défendre, s'il en est temps encore… » (p. 48.) Bref, l'affaire n'eut pas de suites graves, mais l'impression gardée par les Génevois des événements de 1707 fut si forte qu'en 1734, le 3 juillet, un faux bruit de l'arrivée des troupes suisses s'étant répandu dans la ville, à l'instant toute la bourgeoisie fut en armes, décidée à ne laisser entrer à aucun prix les troupes étrangères. Voir aussi, p. 85-86 du *Tableau*, l'effroi qui saisit Genève à la seule nouvelle des préparatifs militaires ordonnés par le syndic Trembley. L'édit de médiation de 1738 régla l'emploi de la garnison et donna d'autre part des sûretés au gouvernement, en empêchant la bourgeoisie de recourir aux armes sans l'ordre des magistrats.

(2) *Lettres écrites de la montagne*, Partie II, lettre VII, note 1 de la page 403. « L'objet des impôts établis en 1716 était la dépense des nouvelles fortifications. Le plan de ces nouvelles fortifications était immense, et il a été exécuté en

fluence des tirades débitées par les moralistes anciens, les grands mots de vertu et de liberté républicaines opposés à ceux de force et de crainte, principes des gouvernements despotiques, et l'on comprendra que Rousseau ait rejeté avec horreur tout système de troupes régulières et permanentes. « Rien d'injuste ne doit surprendre de la part de quiconque a la force en main, » a-t-il écrit (1). Une armée prétorienne ne peut être employée qu'à deux fins : attaquer les voisins ou asservir les citoyens. « Il faut nécessairement que des hommes toujours armés soient par état les ennemis de tous les autres, et les premières troupes réglées sont en quelque sorte les premières rides qui annoncent la prochaine décrépitude du gouvernement (2) ». Mais qu'au contraire chaque citoyen

partie. De si vastes fortifications rendaient nécessaire une grosse garnison, et cette grosse garnison avait pour but de tenir les citoyens et bourgeois sous le joug. On parvenait, par cette voie, à former, à leurs dépens, les fers qu'on leur préparait. » — Rousseau parle aussi de ce grand plan de fortifications vers la fin du livre V des *Confessions* à propos du mémoire de Michali Ducret, qu'il livra à l'avocat Cocelli.

(1) *Correspondance*. Lettre CDIX, 26 mai 1763. A M. Marc Chapuis. — Mably dit également dans le même sens (*Observations sur les Romains*, p. 175): « Croyons-en Marc Aurèle, dont les vertus ont honoré le trône et l'humanité : il regardait comme un prodige de pouvoir tout, et de ne vouloir que le bien. »

(2) *Manuscrit de Neuchâtel*. (n° 7840 du Catalogue).

devienne soldat, que toute la nation soit militaire, et voilà la puissance exécutive dans l'impossibilité d'asservir l'Etat de vive force, parce qu'il n'est pas concevable qu'une nation puisse être employée à s'opprimer elle-même.

A un autre point de vue, lorsque le magistrat chargé de l'exécution des lois ne disposera plus de la force armée, il sera bien obligé de mettre en pratique les vrais principes de gouvernement. Actuellement « les rois ne sont obéis qu'à force de troupes, et le respect des sujets n'est que dans la crainte du châtiment (1). » Mais la rigueur de ces châtiments « n'est qu'une vaine ressource imaginée par de petits esprits pour substituer la terreur à ce respect qu'ils ne peuvent obtenir... Quand on a la force en main, il n'y a point d'art à faire trembler tout le monde, et il n'y en a pas même beaucoup à gagner les cœurs ; car l'expérience a depuis longtemps appris au peuple à tenir grand compte à ses chefs de tout le mal qu'ils ne lui font pas, et à les adorer quand il n'en est pas haï. Un imbé-

---

(1) *Emile*, p. 367. — V. par exemple la lettre de Colbert à l'intendant de Limoges, du 15 novembre 1674. (Lettres et instructions. t. II, p. 36.) « Vous devez être assuré, et le rendre même public, que le roi tient toujours à vingt lieues de Paris, une armée de vingt mille hommes pour marcher dans toutes les provinces où il paraîtrait des soulèvements, pour punir avec éclat et donner un exemple à tous les peuples de l'obéissance qu'ils doivent à Sa Majesté. »

cile obéi peut, comme un autre, punir les forfaits, le véritable homme d'Etat sait les prévenir : c'est sur les volontés encore plus que sur les actions qu'il étend son respectable empire. S'il pouvait obtenir que tout le monde fît bien, il n'aurait lui-même plus rien à faire, et le chef-d'œuvre de ses travaux serait de pouvoir rester oisif (1). » Que les magistrats s'appliquent donc à faire aimer les lois et non pas à les faire craindre. « Il n'y aura jamais de bonne et solide constitution que celle où la loi règnera sur les cœurs des citoyens : tant que la force législative n'ira pas jusque-là, les lois seront éludées... Mais quand les citoyens aiment leur devoir, et que les dépositaires de l'autorité publique s'appliquent sincèrement à nourrir cet amour par leur exemple et par leurs soins, toutes les difficultés s'évanouissent ; l'administration prend une facilité qui la dispense de cet art ténébreux dont la noirceur fait tout le mystère. Ces esprits vastes, si dangereux et si admirés, tous ces grands ministres dont la gloire se confond avec les malheurs du peuple, ne sont plus regrettés : les mœurs suppléent au génie des chefs ; et plus la vertu règne, moins les talents sont nécessaires (2). »

(1) *Economie politique*, p. 18 s.
(2 *Gouvernement de Pologne* I, p. 347. — *Economie politique*, p. 25.

Mably dans ses *Observations sur le gouvernement et les lois des Etats-Unis d'Amérique* (1), expose des idées analogues en faisant l'éloge des cantons suisses. « Plus j'examine leur confédération, dit-il, plus je suis persuadé qu'ils doivent principalement la perpétuité de leurs mœurs et de leur égalité, a l'heureuse institution de n'avoir aucune ville fortifiée, aucune forteresse où il faille tenir des garnisons, c'est-à-dire des soldats mercenaires qui ne sont que soldats, et qui jamais ne sont plus aises que lorsqu'ils peuvent intimider de paisibles citoyens et leur faire sentir leur prétendue supériorité. Il arrive de là que les magistrats n'ayant point sous la main des troupes dont ils disposent, s'accoutument malgré eux à des voies de conciliation et de justice. Ils sont plus mesurés dans leurs entreprises, parce que leur imagination qui ne se repait pas de projets hardis résiste facilement à de fausses espérances. Avec des forteresses et des garnisons mercenaires, les magistrats se seraient senti une force qui les aurait rendus plus confiants et par conséquent moins prudents et plus injustes. Sous prétexte de défendre l'entrée du pays, on aurait multiplié les forteresses, et en même temps les magistrats plus avides et plus ambitieux n'auraient pas manqué de

---

(1) Lettre 3, p. 135-144.

faire oublier aux citoyens leur esprit militaire, en feignant de favoriser leur goût pour le repos et les travaux de l'agriculture (1). Que seraient devenus ces petits cantons où, sous la protection des bonnes mœurs, règne encore la Démocratie la plus franche et la plus entière ?... Il y a longtemps que les cantons où la Démocratie est tempérée aujourd'hui par les lois et les coutumes d'une sage aristocratie, obéiraient à des aristocrates, c'est-à-dire à des tyrans ». Ayez donc des forteresses, des garnisons, s'il le faut, dit Mably aux Américains, mais « que ces places de sûreté ne soient nullement à la disposition des magistrats du pays où elles seront construites..... Je désirerais que toutes ces forces fussent confiées à la direction et aux ordres du Congrès continental. Lui seul, par la forme de votre confédération, étant revêtu du pouvoir de traiter avec les étrangers, doit aussi avoir le pouvoir de commander

(1) Rousseau, *Gouvernement de Pologne*, p. 400. « J'ai vu le temps qu'à Genève les bourgeois manœuvraient beaucoup mieux que des troupes réglées ; mais les magistrats, trouvant que cela jetait dans la bourgeoisie un esprit militaire qui n'allait pas à leurs vues, ont pris peine à étouffer cette émulation, et n'ont que trop bien réussi. » — Platon (*Lois*, VIII, 832, c) accuse déjà les magistrats de détourner le peuple des exercices gymnastiques ; cette défiance des gouvernements et l'amour immodéré des richesses sont les deux causes auxquelles il faut attribuer la ruine des vertus militaires.

les troupes destinées à agir hostilement contre eux. Ces garnisons à qui il faut défendre de s'immiscer dans les affaires civiles et qui ne recevraient des ordres que du Congrès, ne deviendraient jamais une arme entre les mains des magistrats ; ainsi la puissance civile n'ayant que des moyens de douceur et de conciliation pour calmer les esprits quelquefois agités, serait obligée de se faire une politique conforme à sa situation. Les citoyens de leur côté n'ayant rien à craindre, s'accoutumeraient enfin à obéir aux lois, non par crainte, mais par respect et par affection. De là naîtrait une sécurité générale. Les riches n'abuseraient peut-être pas de leurs richesses, ou du moins en abuseraient plus tard, et avec moins d'orgueil. Le peuple armé comme en Suisse et qui serait véritablement la force de l'Etat se ferait respecter jusque dans sa soumission et sa pauvreté. » Il n'est du reste pas à craindre que le Congrès se serve de sa force pour attenter à la liberté des Etats, et le voulût-il, à quoi lui serviraient ses forteresses et leurs garnisons contre les milices des treize républiques réunies ?

De la même façon, le roi de France ne doit être en temps de paix que l'inspecteur et le censeur des milices. Les fortifications des places et leurs munitions appartiendront aux Etats-Généraux, qui paieront aussi la solde des troupes. Les officiers seront choisis au scrutin. Laisser au prince la nomination aux emplois, c'est lui donner le moyen de se faire des créatures, qui se laisseraient peut-être corrompre par l'espérance de la faveur, et qui auraient trop de reconnaissance pour les grâces qu'elles auraient reçues. Huit maréchaux de France seront placés au sommet de la hiérarchie. « Vraiment officiers de la nation, ils prêteront serment aux Etats qui, à chaque assemblée ordinaire, en choisiront deux pour assister avec quatre lieutenants-généraux au Conseil de guerre du Roi, et deux autres, aidés de quelques officiers généraux, pour faire l'inspection des troupes, entretenir la vigueur de la discipline, visiter les frontières, et commander, pour le Roi, les armées en cas de guerre, ou en chefs, si la santé, l'âge ou l'incapacité ne lui permettaient pas de servir l'Etat en personne... Ces maréchaux, parvenus par la voie honorable du scrutin à leur dignité, ne peuvent être suspects à la Nation, qui les nommera pour assister pendant deux ans au conseil de guerre du Prince, ou pour commander des armées (1).

---

(1) Actuellement en temps de paix le commandant d'un corps d'armée français ne peut conserver son commandement que pendant trois ans, à moins qu'à l'expiration de

Quel intérêt auraient-ils de se rendre au Roi? Ils seront attachés à leurs devoirs par l'espérance de mériter l'estime et la faveur du public, et d'être encore honorés de sa confiance. Croyez-moi, vous verrez renaître les consuls romains, que l'espérance de voir porter une seconde fois les faisceaux devant eux rendait si sages et si grands » (1).

Toutes ces précautions sont prises contre l'ambition du prince. Elles ne nuisent en aucune façon à la rigidité de la discipline, et ne compromettent pas la victoire. Le conseil de guerre vaut bien un secrétaire d'Etat d'aujourd'hui « qui n'a souvent été qu'un mauvais intendant de province. » — Quant au droit de déclarer la guerre (2), il ne peut appartenir qu'à la nation. « C'est une prérogative trop importante au

---

cette période, il ne soit maintenu dans ses fonctions par un décret rendu en conseil des ministres.

(1) *Des droits et des devoirs du citoyen*, p. 328 s.

(2) Rousseau ne dit pas à qui appartient le droit de déclarer la guerre. Mais cet acte intéressant le corps général de la nation, il est évident qu'il ressort à la puissance législative D'autre part, Rousseau ne voit aucun inconvénient à confier au roi de Pologne le commandement de la milice, si la milice est entièrement composée de citoyens (*Pologne*, XII, 400). Mably, même dans ce cas, prend plus de précautions contre le roi. Le roi de Pologne ne prendra le commandement de l'armée que quand la diète ou le Sénat l'en chargera ; et on lui donnera un général qui commandera sous ses ordres, ou bien on le fera accompagner par deux

bonheur de l'Etat pour l'abandonner à un magistrat. Il en abuserait certainement s'il avait de l'ambition, ou qu'il se sentît des talents pour les armes ; et il en laisserait abuser si c'était un homme faible : combien n'a-t-on pas vu de Princes poltrons et sots faire la guerre sans l'aimer, sans y être forcés par leurs ennemis, mais seulement pour plaire à leur maîtresse ou à leurs ministres? Ce ne doit être que dans le cas d'une invasion subite, ou si le Royaume est menacé de la part de quelqu'un de ses voisins, que le Roi, en conséquence d'un Conseil tenu avec ses conseillers en négociation et un nombre déterminé d'officiers généraux, pourra faire marcher ses troupes, repousser l'ennemi ou se disposer à l'arrêter. Alors même il sera obligé de convoquer l'Assemblée extraordinaire des Etats (1) ».

Enfin, après chaque guerre, il y aura une « année de réforme. » La guerre, nous le savons, fausse les ressorts du gouvernement. « Si la guerre est heureuse, elle corrompt ; si elle est malheureuse, elle avilit. Je désirerais donc qu'une loi solennelle ordonnât d'examiner sérieusement, après chaque guerre, si la nécessité des circons-

membres du conseil de guerre et du conseil des affaires étrangères qui rendront compte à leurs collègues des opérations militaires et politiques (*Pologne,* II, XIX, 184).

(1) *Droits et devoirs,* p 326-333. — *Pologne,* II, p. 79.

tances, les ressources extraordinaires auxquelles on aura peut-être été obligé de recourir, la prospérité, en un mot, ou le malheur n'ont point altéré les principes du gouvernement et de la liberté. La première diète (ou assemblée des Etats) qui succèdera à la paix doit être occupée de ce soin. Elle doit nommer alors des magistrats extraordinaires et les revêtir d'un pouvoir extraordinaire et nécessaire pour raffermir les lois ébranlées et corriger les abus qui annonceraient une décadence (1). »

Telles sont les lignes générales de l'organisation militaire préconisée par Mably et Jean-Jacques Rousseau. Rome dans l'antiquité, la Suisse dans les temps modernes leur ont servi de modèles. Ce qu'ils proposent, en somme, ce n'est pas autre chose que l'adoption du système traditionnel des cantons helvétiques. « En Suisse, dit Rousseau, tout particulier qui se marie est obligé d'être fourni d'un uniforme, qui devient son habit de fête, d'un fusil de calibre, et de tout l'équipage d'un fantassin ; et il est inscrit dans la compagnie de son quartier. Durant l'été, les dimanches et les jours de fêtes, on exerce ces milices selon l'ordre de leurs rôles, d'abord par petites escouades, ensuite par compagnies, puis par régi-

(1) *Gouvernement de Pologne*, Partie II, XII, p 80, s. — *Des droits et des devoirs du citoyen*, lettre VIII, p. 357.

ments, jusqu'à ce que, leur tour étant venu, ils se rassemblent en campagne, et forment successivement de petits camps, dans lesquels on les exerce à toutes les manœuvres qui conviennent à l'infanterie. Tant qu'ils ne sortent pas du lieu de leur demeure, peu ou point détournés de leurs travaux, ils n'ont aucune paye, mais sitôt qu'ils marchent en campagne, ils ont le pain de munition et sont à la solde de l'Etat ; et il n'est permis à personne d'envoyer un autre homme à sa place, afin que chacun soit exercé lui-même et que tous fassent le service (1). » Voilà le fonctionnement de la machine militaire, telle que la veulent Rousseau et Mably : rien de plus simple, on le voit, rien de moins coûteux pour l'Etat, et cependant par ce moyen on arrive à avoir une armée toujours prête au besoin et suffisamment entraînée. Du reste Rousseau ne semble pas la destiner aux grandes opérations stratégiques, car le conseil qu'il donne à la cavalerie polonaise de se créer une tactique nationale appropriée en même temps au génie de la nation et à la nature du sol nous fait penser qu'il tenait en assez médiocre estime l'art savant et compliqué inventé à cette époque par Frédéric II (2). Autant que possible

---

(1) *Gouvernement de Pologne*, ch. XII, p. 299.

(2) Lieutenant-colonel Rousset, *op. cit.* — Cet ouvrage, extrêmement intéressant pour l'étude des procédés de la guerre

la milice ne livrera point de batailles rangées ; elle n'aura pas à attaquer ou à défendre de places fortes (les places fortes sont inutiles toujours,

dans leur rapport avec l'état social et politique des nations, montre que Frédéric souffrit d'une double entrave, résultat de la composition de son armée. Dans le domaine stratégique d'abord, impossibilité de vivre sur le pays au moyen des réquisitions La réquisition donnait en effet aux éléments étrangers dont les armées du xviiie siècle étaient en partie composées de trop grandes facilités pour s'enfuir Il fallait donc assurer la subsistance par des magasins dont on ne pouvait jamais beaucoup s'éloigner. D'où, absence de rapidité dans les mouvements. En second lieu, sur le champ de bataille, nécessité d'adopter l'ordre linéaire, la formation par masses compactes, où le soldat se trouve encadré, jamais abandonné à lui-même, constamment sous l'œil de ses chefs. Ce dispositif linéaire ou parallèle, renouvelé de l'ordre de bataille de la légion romaine (il apparaît à l'époque de la Renaissance), s'opposait à toute manœuvre sur le terrain ne permettait que l'attaque directe et le combat sur place. Le type le plus connu en demeure le fameux rectangle de Rocroy se couronnant de feux sur un signe de la canne de Fontaine. « Les armées, dit Lloyd, étaient semblables à une garniture de cheminée en porcelaine, qu'on ne remue pas de peur de la casser. » *(Introduction à l'histoire d'Allemagne*, 1756). Frédéric ne se montra original que dans la mesure où il parvint à échapper à ces servitudes. « Quelles opérations merveilleuses eût peut-être exécutées le roi, écrit le lieutenant-colonel Rousset (p. 36), s'il avait eu à sa disposition ce que peut seul fournir une armée nationale, ces troupes fidèles, dévouées et vibrantes, à la fois résolues et désintéressés, ces masses agissantes où peut s'exercer l'initiative, où l'absolutisme de commandement

dangereuses souvent). Peu ou point d'artillerie. Mais une guerre d'embuscades et de guérillas, l'ennemi harcelé sans cesse, jamais en repos, jase tempère de lui-même par une répartition logique des responsabilités, où une articulation féconde vient se substituer sans frottements à la méthodique et inflexible ordonnance dont les légions résignées de mercenaires ne peuvent s'affranchir sans péril ! » Cet instrument, la Révolution française le créée. Avec elle apparaît quelque chose de nouveau, le soldat, en tant que personne morale, douée de volonté, d'intelligence, de dévouement, consciente de son individualité, mue par le souffle ardent de l'enthousiasme patriotique, Valmy et Jemmapes sont les théories de Rousseau vérifiées par l'expérience de l'histoire. C'est bien alors, comme il le disait, le soldat qui triomphe par son ardeur et sa furie, malgré le décousu des opérations, l'inexpérience des troupes et l'insuffisance du commandement (sauf Carnot). La valeur personnelle du soldat entre comme un facteur de premier ordre dans le grand art napoléonien. Cette surprenante mobilité, ces opérations foudroyantes qui en sont le trait le plus saillant, supposent dans ceux qui les exécutent une vigueur et un entrain admirables. Plus de magasins plus de convois immenses, plus de ce luxe et de ce bien-être inouïs que connaissaient les armées du dix-huitième siècle. L'armée vit sur le pays, cantonne ou bivouaque, se fractionne pour marcher et subsister (stationnement en profondeur), se rassemble pour combattre ; les masses énormes jouent, s'articulent, organismes d'une merveilleuse souplesse. Du haut en bas de la hiérarchie, tout s'empresse pour le but commun ; les officiers marchent à pied, sac au dos, comme les soldats. Sans cesse, on fait appel à l'homme, à son initiative, à son amour de la gloire. Sur le champ de bataille apparaissent le combat de tirailleurs, l'utilisation des abris, des couverts, des points d'appui. Napoléon ne

mais en sûreté, à tout instant surpris, inquiété sur ses derrières, coupé dans ses lignes de retraites; une tactique à la manière des anciens Parthes (1) qui n'exige pas de manœuvres de

manque pas une occasion de surexciter les forces morales du soldat. Inutile de rappeler ses ordres du jour. « *Dites leur que s'ils veulent se battre*, écrivait-il à Soult, le 12 octobre 1805, il faut qu'ils soient à Memmingen demain avant neuf heures du matin, *sans quoi ils ne seront pas à la bataille.* » C'est par ces simples et fières paroles qu'il demandait aux soldats du 4ᵉ corps, alors à Augsbourg, de marcher douze heures de nuit pour aller au feu ! Comme il les connaissait bien ? Comme il savait exploiter leur invincible amour de la patrie et de la gloire, leur dévouement inaltérable à sa personne, leur indomptable mépris de la mort ! Quarante ans auparavant, Frédéric, donnant ses instructions aux généraux qui commandaient sous lui des mercenaires, était obligé de leur recommander « d'éviter les combats près des lieux habités, dans les villages et les bois où il est difficile d'empêcher les soldats de se glisser, dans les maisons, dans les granges et dans les fourrés. » (Lieutenant colonel Rousset, p. 88) Deux exemples achèveront de montrer comment les conceptions les plus hautes du génie militaire sont en relation étroite avec la valeur du soldat qui les exécute. A Austerlitz, Napoléon demande à Davout de retenir l'aile gauche des alliés, qui reprenant le mouvement de Frédéric II à Leuthen, va chercher à déborder sa propre aile droite. « Les soldats de Davout sont huit mille, et Napoléon leur ordonne de tenir tête à près de soixante mille hommes. Mais Napoléon les connaît, comme il connaît celui qui les mène. Il sait que les villages du Gold-Bach serviront

(1 Voir sur la tactique des Parthes. Montesquieu, *Considérations sur les causes de la grandeur des Romains*, ch. XV.

masses, mais seulement beaucoup de vitesse, d'habileté, de vigueur physique, bref de qualités individuelles dans le soldat, qualités qu'il est facile

de points d'appui à leur résistance, non de refuge à leur faiblesse. Il attire donc, par une puissance en quelque sorte magnétique, le gros des forces ennemies sur leurs positions et il leur demande de faire tête, *même en reculant*, assez longtemps pour que le centre allié, dégarni par l'obligation de soutenir contre eux des efforts prolongés, perde peu à peu sa consistance. Lui se charge alors d'intervenir et de tout renverser sous le choc des bataillons qu'il s'est réservés. » (p. 148 s.) De même, c'est Bonaparte qui découvre le principe de l'avant-garde stratégique destinée à précéder l'armée dans la direction dangereuse, à reconnaître l'ennemi et à le contenir pendant que le corps principal exécutera son déploiement. Mais, remarque l'auteur que nous citons, « il faut bien se rendre compte, encore une fois, que de semblables avant-gardes ne peuvent remplir intégralement leur rôle que si elles se composent de soldats énergiques et résolus, d'hommes à la fois courageux, dévoués et tenaces, de qui on soit en droit d'attendre une puissance de résistance acharnée et une opiniâtreté raisonnée. Il leur faut plus que la bravoure automatique des grenadiers mercenaires de Frédéric; il leur faut l'enthousiasme et la foi en l'idée souverainement dominatrice de la patrie. A Monte-Legino, par exemple, un détachement envoyé en reconnaissance se heurte contre l'avant-garde d'Argenteau ; il recule si adroitement qu'il attire contre la redoute tout le corps ennemi. Trois assauts livrés à l'héroïque 32° sont repoussés avec de grosses pertes La redoute est conservée, la force de l'ennemi dénombrée, et Bonaparte sait ce qu'il voulait savoir. Cette défense célèbre, il se serait certainement trouvé dans les anciennes armées beaucoup de régiments capables de la soutenir ; ceux de l'armée d'Italie l'étaient tous. » p. 69-70).

d'acquérir au moyen des exercices que nous avons vu recommander par Rousseau. Cette tactique purement défensive convient parfaitement à un pays accidenté, comme le sont en général les pays pauvres pour lesquels Rousseau et Mably ont une prédilection spéciale, et nous savons par les enseignements de l'histoire qu'elle a été parfois employée avec succès contre de grandes armées régulières.

Examinons maintenant quel a été le sort réservé aux idées de Rousseau et de Mably. Ils ont triomphé sur la question du service militaire obligatoire. Les cahiers des Etats-Généraux, tout en réclamant la suppression de la milice, ne méconnaissaient pas que la défense du pays constitue le premier devoir du citoyen. « Les Français doivent marcher gaiement et volontairement au service de la patrie, et non y être traînés de force. » (Communauté de Cabrières d'Aigues, sénéchaussée d'Aix). « Les Français courront toujours en foule à la défense de leur Patrie, sans qu'il soit besoin de les y contraindre » (Paroisse de Lieusaint, baillage de Valogne). C'est bien là le service offert spontanément et avec enthousiasme que rêvaient Rousseau et Mably, bien qu'ils crûssent nécessaire de préparer la levée en masse par une sérieuse éducation militaire. Adoptant ces idées, l'Assemblée constituante supprima la milice, proclama que le service militaire est un devoir civique général (décret du 14 mars 1791), et, tout en maintenant le principe de l'enrôlement volontaire, vota la levée d'une réserve de cent mille auxiliaires inactive en temps de paix, et destinée à se fondre en temps de guerre dans l'armée de ligne. Tous les citoyens de dix-huit à cinquante ans faisaient partie de la garde nationale. Bientôt il s'agit de résister à l'Europe coalisée : la Convention appelle aux armes tout le pays. En l'an VI, une loi du 19 fructidor, établissant la conscription, met à la disposition de l'Etat les jeunes gens de vingt à vingt-cinq ans. Cette organisation subsiste, sauf des modifications de détail, jusqu'à la fin du premier Empire. Ensuite vient une période de réaction : elle se caractérise par la prédominance de l'enrôlement volontaire, l'usage du remplacement (loi du 21 mars 1832) ou de l'exonération (loi du 26 avril 1855). Mais les lois du 1er février 1868, du 27 juillet 1872, du 15 juillet 1889 interviennent pour consacrer de nouveau, et d'une façon de plus en plus stricte, le principe du service militaire obligatoire et personnel.

Cependant ces lois, inspirées surtout par la nécessité de grossir les forces militaires et de faire nombre, n'ont nullement eu pour but de porter atteinte au principe des armées permanentes et des troupes réglées. C'est dans ces troupes que les citoyens sont versés pour accomplir en temps de paix une période de service effectif qui, bien que réduite à diverses reprises, demeure encore suffisamment longue. A côté des réserves et de l'armée de seconde ligne (garde nationale mobile, armée territoriale, landwehr allemande) convoquées seulement en temps de guerre, il y a une armée active plus importante que jamais et toujours sur pied, dont les autres ne constituent qu'un renfort et un soutien. On sait assez quels événements politiques ont amené l'établissement du régime de « paix armée ». La rapidité avec laquelle se transmettent les ordres ou s'exécutent les transports exposant aux éventualités d'une attaque soudaine, la nécessité d'y parer par une mobilisation rapide de forces énormes, le caractère des guerres modernes qui tendent de plus en plus à devenir des crises passagères et suraiguës, enfin les difficultés de l'instruction militaire elle-même plus grandes qu'autrefois, par suite des progrès de l'armement, des complications de la tactique, du développement des habitudes et des métiers sédentaires dans la masse de la population (1), sont autant d'arguments qui plaident en faveur du maintien à l'état

---

(1) La population urbaine de la France qui en 1846 représentait 24,42 % de la population totale, en représente aujour-

permanent d'un noyau très puissant de troupes organisées. Le débat est du reste toujours ouvert entre les partisans des soldats de carrière (engagements et rengagements) et ceux qui, fidèles à la tradition démocratique et républicaine (1), font ressortir les avantages du système des milices proprement dites. Nous n'avons pas à prendre parti entre les uns et les autres. Il suffira de remarquer, d'abord que le seul Etat de l'Europe ne possédant pas d'armée permanente, la Suisse, se trouve, par la neutralité dont il est couvert (acte de Paris du 20 novembre 1815) dans l'impossibilité d'entreprendre une guerre offensive, et, si l'on s'en tient aux apparences, plus protégé qu'un autre contre une brusque attaque de l'étranger ; en second lieu, que les récents épisodes de la guerre Sud-Africaine ont mis en lumière les

---

d'hui 37 %. Et il est certain que pour les paysans eux mêmes le travail est devenu moins dur (machines agricoles, facilités de communication).

(1) V. Georges Goyau, *Patriotisme et Humanitarisme, Essai d'Histoire cortemporaine, Revue des Deux Mondes*, 15 juillet 1900. — Est-ce à Rousseau et à Mably que Vacheret et J. Simon ont emprunté ces phrases caractéristiques : « Le métier des armes est incompatible avec une société démocratique. — Un pays qui a des citoyens est invincible — Une armée de citoyens invincible chez elle et hors d'état de porter la guerre au dehors » ? On le dirait.

lacunes d'une organisation militaire singulièrement voisine de celle proposée jadis par Rousseau et Mably : tout l'héroïsme des Boers et leurs sérieuses qualités militaires n'auraient pas empêché une armée régulière, nombreuse, mais de second ordre, composée au reste de ces mercenaires qu'ont tant vilipendés Mably et Rousseau (1), de venir assez rapidement à bout de leur résistance, si la tactique adoptée finalement par les commandos, et qui est précisément celle dont Rousseau faisait tant de cas (2), ne leur avait per-

---

(1) Les statistiques publiées par le War Office, le 4 décembre 1900 (*Revue Encyclopédique*, 1900, p. 1069), montrent le peu de courage déployé par les soldats anglais sur le champ de bataille. Tandis que la proportion des tués est de 9, 1 soldats pour 1 officier, celle des prisonniers s'élève à 88 soldats pour un officier.

(2) Sans vouloir faire passer Rousseau pour un stratégiste, on peut dire qu'il a remarquablement mis en lumière la fonction qui incombe, dans nos guerres contemporaines, à la cavalerie indépendante (V. à ce sujet les études du lieutenant Macheret, dans le *Journal des Sciences militaires*, septembre-novembre 1900. Le rôle de cette cavalerie, si brillant dans les chevauchées du premier Empire, dans les raids de la guerre de Sécession et de la guerre russo-turque, rempli avec moins de flair et d'audace par la cavalerie allemande en 1870, aura sans doute une importance capitale (la lutte du Transvaal le prouve) dans les guerres futures, où la vitesse sera, en dépit du nombre un des facteurs déterminants du succès.

mis de prolonger indéfiniment la guerre, et, en tenant l'ennemi toujours en haleine, de le mettre hors d'état de recueillir un profit sérieux de ses victoires (1).

---

(1) Il est vrai encore qu'autre chose est la conquête du territoire, et autre chose la conquête des habitants. Pour sauvegarder l'indépendance de son peuple, Rousseau compte en réalité bien moins sur la force armée qu'il organise et qui peut toujours être vaincue que sur la « forme nationale » qu'il veut donner aux âmes de ses citoyens et qui doit les rendre inassimilables avec leur vainqueur. « Il faut, dit-il, établir tellement la République dans le cœur des citoyens qu'elle y subsiste malgré tous les efforts de ses oppresseurs : c'est là, ce me semble, l'unique asile où la force ne peut ni l'atteindre ni la détruire... De quelque façon qu'on s'y prenne, avant qu'on ait donné à la Pologne tout ce qui lui manque pour être en état de résister à ses ennemis, elle en sera cent fois accablée. La vertu de ses citoyens, leur zèle patriotique, la forme particulière que des institutions nationales peuvent donner à leurs âmes, voilà le seul rempart toujours prêt à la défendre, et qu'aucune armée ne saurait forcer. Si vous faites en sorte qu'un Polonais ne puisse jamais devenir un Russe, je vous réponds que la Russie ne subjuguera pas la Pologne. » (*Gouvernement de Pologne*, ch. III, p. 350 et suiv.)

CONCLUSION

Le point important qui se dégage de notre étude, c'est la préférence donnée par Rousseau et par Mably aux charges en nature sur les services payés en argent. Tous deux n'ont admis le substitut pécuniaire de la personne que dans le cas où l'état des mœurs publiques rendrait impossible une forme d'imposition qu'ils regardent comme l'idéal et sous la condition que le législateur réduirait au minimum l'usage de l'argent. L'argent affaiblit et fausse les ressorts du gouvernement ; les services personnels les maintiennent intacts et vigoureux, et voilà pourquoi ils doivent être préférés. On dit, il est vrai, qu'ils pèsent plus lourdement sur le citoyen. Mais ce n'est là qu'une apparence, car en premier lieu, ils sont limités à l'utilité patente, reconnue de tous, et, d'autre part, dans un État qui n'aura pas été envahi par le luxe et la mollesse, les citoyens aimeront toujours mieux payer de leur personne que de leur bourse. Ils auront pour cela toute facilité, n'étant pas détournés du service public par leurs intérêts personnels et leur insatiable cupidité. Ce qui caractérise un état social excellent, c'est la prédominance donnée aux affaires publiques sur les affaires des particuliers. Quand l'intérêt commun prime tout, quand chaque citoyen est toujours prêt à sacrifier son intérêt exclusif à l'intérêt général, la vertu règne; et la vertu seule sert de fondement à la liberté. On aurait tort de croire que celle-ci est un bien dont on n'a qu'à jouir : la liberté est une conquête qui a besoin d'être défendue. Elle réclame de la part du citoyen une activité toujours en mouvement, une vigilance sans cesse en éveil, un renoncement complet à soi-même. La liberté suppose la vertu, et une rude discipline de mœurs destinée à conserver la vertu. Ainsi s'expliquent toutes les institutions accessoires des institutions politiques, et plus importantes en réalité que celles-ci, toutes les lois qui tendent à développer ou à fortifier la frugalité et l'égalité, à combattre les progrès du luxe, de l'avarice et de l'ambition. Ainsi se justifie l'intervention continuelle de l'Etat dans les affaires des citoyens, dans la réglementation de leur vie privée, dans l'éducation de leurs enfants, dans leurs croyances morales et religieuses. La conservation de la liberté exige qu'aucun citoyen ne soit maître de lui (1). La doctrine de Rousseau et de Mably aboutit au socialisme d'Etat (2).

Et c'est par ce point que l'un et l'autre vont rejoindre les doctrines de l'antiquité. Leur entreprise apparaît singulièrement voisine de celle que les disciples de Socrate cherchèrent à réaliser dans l'Athènes du Ve siècle. Comme ceux-ci, ils vivent dans un milieu travaillé par l'immoralité et le scepticisme ; la critique philosophique, agissant dans le même sens que le dialectique des sophistes, a ruiné l'autorité de la tradition, mis en

(1) En ce sens que personne ne doit pouvoir obéir à ses caprices ou à ses passions. Mais la loi étant l'expression de la raison publique, tous ceux qui lui sont soumis se trouvent libres, dans le sens le plus profond du mot (V. Spinoza, *édit. Van Vloten et Land*, I, p. 237), et comme tous les citoyens participent au vote de la loi, il en résulte que chacun se pose à lui-même la règle à laquelle il obéit. C'est l'autonomie kantienne de la volonté, transportée de la morale dans la politique.

(2) Les premiers théoriciens allemands de l'Etatisme, Fichte (*Der gescholssene Handelsstaat*, 1800) et Hegel (*Naturrechts und der Staatswissenchaft*, Berlin, 1821) procèdent de Rousseau. — L'idée que l'ordre doit garantir la liberté, se cache au fond de tout système socialiste. Mais la plupart des socialistes ne vont pas aussi loin que Rousseau et Mably dans le sens de l'intervention de l'Etat, et se contentent de demander la règlementation des fonctions économiques de la société, sans porter atteinte dans les autres domaines à la libre action individuelle. (V. l'exposé du socialisme libertaire dans G. Renard, *Le régime socialiste*, 1898.)

branle les passions individuelles, affranchi de tout contre-poids l'égoïsme triomphant ; les rivalités entre les classes sont grosses de révolutions futures. Rousseau et Mably se demandent comment remédier à la décadence, empêcher la dissolution prochaine ; et la réponse qu'ils font à cette question est la même que celle des anciens philosophes. Le haut idéal de vertu républicaine, qui, depuis la Renaissance a retrouvé sa place dans les âmes, auquel sacrifient Rollin, Montesquieu, d'Argenson, vingt autres au dix-huitième siècle, exerce sur l'esprit de Rousseau et de Mably une séduction souveraine. Sous son influence, ils dépassent le point de vue auquel s'arrêtent la plupart de leurs contemporains. Ils ne se bornent pas à demander l'abolition des privilèges. Ils vont droit à la source première du mal, à la cause originaire de tout le désordre social : ils accusent la jouissance abusive, la richesse, la propriété. Ils font voir, ce qui a été de tout temps l'idée socialiste, que les réformes politiques sont une inutile duperie, si des réformes correspondantes ne sont pas réalisées dans l'état social. Si la chose publique ne devient pas véritablement la chose de tous, comment obtenir du citoyen la pratique des vertus civiques ? Comment assurer le respect du droit d'autrui, l'amour du bien général, la fraternité et la concorde, tout ce que les anciens réunissaient sous le nom d'ὁμόνοια. L'harmonie parfaite suppose l'absolue justice; et l'absolue justice exige que l'on approche de plus en plus de l'égalité complète. Voilà le but auquel tendent Rousseau et Mably, par des procédés directement calqués sur ceux des philosophes leurs maîtres.

Aujourd'hui, cette rénovation de l'individu par l'Etat, — qui fit partie du programme révolutionnaire (1), — nous apparaît comme un peu étrange. Le mécanisme par lequel elle se réalise nous semble à la fois compressif et rigoureux. Nous n'apercevons pas d'une façon bien nette la nécessité des grands sacrifices à la chose publique que Rousseau et Mably demandent de nous. Il fut un temps où ces sacrifices eurent leur raison d'être. A l'origine des sociétés, quand la brutalité des mœurs, la férocité des haines, le besoin de se procurer de la richesse par la conquête et le pillage, entretenaient une guerre perpétuelle entre les peuples, quand les membres de chaque Etat étaient exposés, en cas de défaite, à perdre leurs biens, leur patrie, leur famille et leur liberté, quand à l'intérieur, l'existence d'une multitude d'esclaves constituait pour l'infime minorité des hommes libres un danger de tous les instants,

---

(1) V. dans Taine, *Le gouvernement révolutionnaire*, les chapitres sur le programme jacobin.

l'intérêt de chaque citoyen s'identifiait si clairement avec celui de tous, sa sécurité et son bonheur étaient si étroitement associés à la force de l'Etat, que l'égoïsme le plus instinctif suffisait à engendrer les héroïsmes les plus absolus. Mais actuellement, ces raisons n'existent plus. Les progrès de la civilisation ont rendu l'existence plus douce et plus facile ; ils ont permis aux hommes, non pas de rompre les liens qui les unissent, — ces liens sont au contraire devenus plus nombreux par suite de la division du travail, — mais de les relâcher davantage, de leur communiquer plus de souplesse et de légèreté. Un but unique, le souci de la conversation immédiate, n'a plus tout accaparé ; la préoccupation de l'Etat a cessé de dominer les activités particulières, qui ont pu dès lors se développer dans des sens différents sous la poussée de mobiles exclusivement personnels à leurs auteurs. Enfin, des besoins et des sentiments nouveaux se sont fait jour. De toutes façons, la conscience moderne répugne à cette absorption de l'individu par l'Etat qui fut la règle des sociétés antiques. La Révolution française marque le triomphe de l'idée individualiste.

En faisant une part excessive au principe de l'autorité, Rousseau et Mably vont donc à l'encontre du mouvement social de leur temps. Mais que leur importe ! Sans se dissimuler la difficulté de leur tâche (1), tous deux ont foi dans la bonté de la nature et dans la puissance de l'éducation. Leur optimisme confiant leur persuade que l'homme libre supportera joyeusement les charges et les contraintes que la société lui imposera, du moment qu'elles auront reçu l'adhésion de ses sentiments intérieurs, et que manifestement elles tendront au bien public dont le bien particulier n'est qu'une conséquence. Il ne faut point parler de contrainte et de compression sociale à des gens qui ne voient partout qu'adhésion spontanée, empressement, enthousiasme. La nation sera comme une grande famille où chacun se donnera à tous, sachant que ce qu'il fait pour tous profite à lui-même. Le socialisme régnera, sinon dans les choses, du moins dans les cœurs. Déjà les idées de Rousseau et de Mably annoncent le monde harmonien et le travail attrayant de Fourrier (2). Leur pensée s'achève en un joli rêve d'idylle sociale. Et cependant ni l'un ni l'autre n'ont cru jusqu'au bout à la réalisation de ce rêve, et le sombre découragement où s'est ter-

(1) *Contrat Social,* liv. II, ch. VII. « Celui qui ose entreprendre d'instituer un peuple doit se sentir en état de changer pour ainsi dire la nature humaine. »

(2) C'est en 1799 que Fourrier conçoit la première idée de son système. V. sur Fourrier continuateur de Rousseau, E. Faguet, *Politiques et moralistes du XIXe siècle*, IIe série.

minée leur vie (1), marque bien tout ce que contenait de chimérique, dans l'esprit même de ses auteurs désabusés, une entreprise que l'on ne peut s'empêcher de juger profondément rétrograde et idéaliste.

---

(1) V. l'ouvrage posthume de Mably : *Du cours et de la marche des passions*, et les lettres de Rousseau où s'affirme la défaillance de ses espoirs et sa tendance à se réfugier de plus en plus dans l'asile de la liberté intérieure.

TABLE DES MATIÈRES

INTRODUCTION 5

CHAPITRE PREMIER. — L'impôt dans J.-J. Rousseau. . 10

CHAPITRE II. - L'impôt dans Mably 106

CHAPITRE III. — La milice dans J.-J. Rousseau et Mably 160

CONCLUSION. 241